もうひとつのグアムガイド

入門 グアム・チャモロの
Introduction to Guam
It's History and Culture of the Chamoru People
歴史と文化

中山京子
Kyoko Nakayama

ロナルド T. ラグァニャ
Ronald T. Laguaña

明石書店

HAGU I INAN I LANGHET　　あなたは天の光

Hagu i Inan i langhet.　　あなたは天の光
O pulan klåru yan gåtbo.　　澄んだ美しい月
Annai silensio na puengi.　　静かな夜に
Un alibia Un alibia piniti-hu.　　私の苦悩を解き放つ

はじめに

　旅行会社の店頭に並ぶ旅行パンフレット。その中に1年中「グアム」の文字を見ることができます。今日、1年間に約90万人の日本人がグアム旅行に出かけています。「グアム」と聞いて、多くの人は何を思い浮かべるでしょうか。青い海と白い砂のビーチ、ショッピング、ゴルフリゾート、「日本から一番近いアメリカ」といった観光にまつわる楽しく、明るいイメージでしょうか。

　このグアムには、かつて「大宮島（おおみやじま）」と呼ばれる時期がありました。1941年12月8日、日本は真珠湾攻撃から5時間後にアメリカ軍が統治していたグアムを攻撃し、31ヵ月間占領したのです。その後、アメリカ軍は1944年7月21日に再上陸を開始し、8月11日まで激しい戦闘が続きました。この間に約1万8000人の日本兵が、戦闘や自決で命を落としたと言われています。その後もゲリラ戦が続きました。壮絶な闘いの中で、国家のために命を落とした日米の兵士はどのような思いだったのか、私たちは推し量ることしかできません。楽しいリゾートの島グアムに戦争の記憶があったことを、戦後生まれの日本人はほとんど知りません。

　ところで、グアムを訪れたらチャモロ料理を食べる機会があることでしょう。チャモロとは、グアムの先住民のことです。グアムはチャモロの人々の島なのです。1521年にマゼランが上陸して以来、グアムは列強のパワーゲームに巻き込まれ、チャモロの人々はスペイン、アメリカ、そして日本に支配され続けたのです。日本占領末期には、日本軍による残酷な行為によって命を落としたチャモロの人々も数多くいました。しかし、逆境におかれながらもチャモロの人々は力強く生き続けました。

　チャモロの人々の経てきた歴史や、今彼らが後世に伝えようとしている文化について、グアムを訪れる日本人観光客はどれほど知っているでしょうか。チャモロの人々は現在でも戦争中の記憶を失っていません。子どもたち

にも当時何が起こったのかを教えています。しかし、そこを訪れる多くの日本人がそのことを理解していないというのは、なんとも複雑な気持ちになります。

　グアムでの激戦を伝える元日本兵の手記、観光コースにはないグアムの史跡を紹介する本、グアムが観光地として発展した経緯を示した本など、素晴らしい著作がすでに出版されていて、それらから多くを学ぶことができます。また、観光ガイドブックには楽しい情報が満載です。そのような中で、あえてグアムについて紹介できることは何もないかもしれません。

　しかし、この本ではできるだけ「チャモロの人々の声」を伝えたいと思いました。繰り返しになりますが、グアムはもともとチャモロの島です。「チャモロの島グアム」を日本の人々に伝えたいと思いました。そこで、できるだけチャモロの人々の記憶をたどり、彼らの声を掲載し、彼らの取り組みを描くようにしました。グアムを訪れる日本の人々が'S'ワールド（Sea, Shopping, Swimming, Sightseeing, Scuba diving）だけでなく、日本とグアムの間の歴史やチャモロの人々の文化に関心をもつ契機に、この本がなれば幸いです。

　本書は、原則として3～6ページでひとつの項目が読めるよう、簡潔な記述につとめました。どうぞ興味のある項目からお読みください。文章中の他の項目と関連ある箇所についてはクロス・リファレンス（▶）でそのページを示しました。途中でそのページに跳んで読んでいただいてもかまいません。

　この本は研究仲間の矢口祐人・森茂岳雄両氏と書いた『入門　ハワイ・真珠湾の記憶——もうひとつのハワイガイド』（明石書店、2007年）のシリーズです。同じく太平洋の島であり、日米の戦争に挟まれたハワイについても興味をもっていただければと思います。

中山　京子

もくじ

はじめに 4

I　グアムとチャモロへのアプローチ

グアムを概観する 10
グアム小史 13
チャモロとは誰か 16
12月8日は「真珠湾」だけでない 19
忘れない「大宮島」の記憶 22
帰ってきてアンクル・サム 25
それぞれのメモリアル 28
急速に多文化化するグアム 31
植民地主義とチャモロの人々 34
アメリカ再統治に悩まされるチャモロの人々 37

II　さまざまなメモリー

戦前、日本占領期、戦後の教育に尽くした女性 42
　　　　　　　　フランシスカ Q. フランケス
日本の名前をもつパラオ系グアメニアン 45
　　　　　　　　スゼッテ・キオシ・ネルソン
土地返還を求める活動家 48
　　　　　　　　ロナルド T. ラグァニャ
現代のアイデンティティ教育を支える教師 54
　　　　　　　　クリストファー N. カンダソ
先祖への敬意をこめる彫刻家 57
　　　　　　　　グレッグ T. パンゲリナン

III チャモロのメモリー

チャモロの人々に伝わる神話・伝説 62
巨大リゾートホテル群の下に眠る遺跡 65
チャモロの夢をのせて航海するサイナ号 68
野外博物館　イナラハンの美しい文化村 71
チャモロの食文化とその変容 74
チャモロ語が響く公立学校 80
隣島ロタのチャモロの人々の想い 83
チャモロ語と植民地支配 86
おすすめチャモロ語講座 89

日本の読者のみなさまへ 92
グアムをよりよく知るための参考書籍 94

おわりに 96

I グアムとチャモロへのアプローチ

ココナツ葉ぶき屋根の家の前で水牛に乗る親子(戦前)[グアム博物館]

ココナツ葉ぶき屋根の家の前で(戦前)[グアム博物館]

グアムを概観する

　グアム島はマリアナ諸島の最南端に位置し、面積は淡路島よりやや小さいが、ミクロネシアでは最大の島である。太平洋の西の端にあり、日本の釧路付近から南へ約3500km、フィリピンの東約1500kmに位置する。グアムは火山によってできた島で、日本から南にのびる海中山脈の一部に接している。多くのホテルが立ち並ぶタモン湾から眺める海はフィリピン海で、島の東岸から眺める海は太平洋である。島の東北部では崖が海に垂直にそそり立っている勇壮な風景がみられ、観光パンフレットに並ぶ白い砂浜が広がるビーチの風景ばかりがグアムの景観ではないことがわかる。

グアム島の東側には火山によってできた島であることを実感する景色が広がる。満月の夜に海に出ていると日焼けならぬ月焼けをすることもあるというほど、さえぎるものは何もない。

小笠原諸島とマリアナ諸島は連続して南北にのびている。この環境から、これらの島々では人の移動や交流があったが、近代国家成立と戦前戦後の統治体制によって制約を受けるようになった。小笠原諸島にはチャモロの人々の生活の歴史が残る。

島の名前である「グアム」は、先住民言語チャモロ語のGuahan（グアハン、われわれは持っているの意）に由来すると言われている。しかし、外国人によって繰り返された殺戮（さつりく）や長い間の統治によって、この島がグアムと呼ばれるようになる前の本来の名称はわからなくなってしまっている。ヨーロッパ人との接触が始まったころの文献には、「ボアン」「グアン」「バハム」といった名称が報告書や地図に使われていたようだ。1600年代後半からのスペインの文献では「グアハン」「グワム」「グアム」といった名称がみられ、1898年にアメリカが統治するようになって以降に「グアム」が定着し、1950年のグアム基本法が米国議会で可決されて「グアム」が正式名称となった。

　気候は海洋性亜熱帯気候で、年平均気温は約26℃、年間を通じて気温の変化が少ないのが特徴である。11

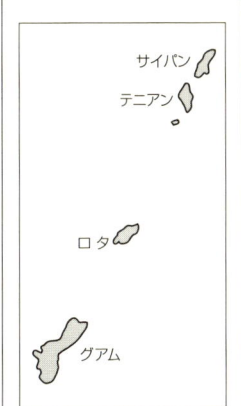

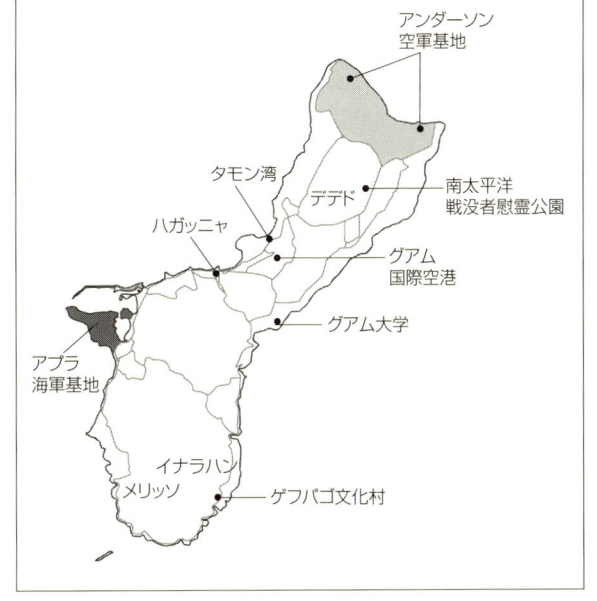

月～5月が乾季にあたり、6月～10月はざっと降っては晴れるスコールが増える雨季にあたる。大きく鮮やかな虹や雨にぬれた花は美しい。台風に悩まされることも多く、勢力の強い台風によってたびたび大きな被害を受けてきた。

グアムはアメリカの「未編入領土」という位置づけのアメリカ統治下にあり、人々はアメリカ市民権をもつことができるが、アメリカ連邦政府とは独立した個別の政治形態をもっている。1970年には島民の選挙により知事が選出され、投票権のない代表をアメリカ議会に派遣している（▶37）。現在の公用語は英語とチャモロ語（▶86, 89）であるが、日常会話のほとんどが英語で行われている。

グアムには、西太平洋の主要な基地として機能すべく、島の北東部にアンダーソン空軍基地、西部にアプラ海軍基地、通信基地、弾薬貯蔵施設などがあり、島の約3分の1が軍用地となっている。米軍関連施設で働くチャモロの人々も多く、沖縄からの米軍移転については賛否両論がある。

島の内陸部にはジャングルが広がり、ジャングルの中で野生化した豚の足跡をたどったり、川を遡って歩いたり、美しい野生の蘭を眺めたりするなど、トレッキングを楽しむことができる。島内のあちこちに広がる椰子林は、アメリカ軍による日本軍掃討のための集中爆撃（▶48）によってはげ山になった跡に、アメリカによって植林されたものが多い。島のいたるところに日本軍の砲撃台や壕が残され、戦争の歴史を物語っている。

（中山京子）

亜熱帯の色鮮やかな花をあちこちで眺めることができる。美しい虹もよく現れる。

約15メートルの高さから豊かな水が流れ落ちる。1910年にアメリカ軍によってつくられたフォンテダムが、ジャングルにひっそりとたたずむ。

グアム小史

三角形の帆を持つ、フライング・カヌーとよばれた「プロア」。Ricard J. によるスケッチ。
[グアム博物館]

グアム国際空港に展示されている三角帆のカヌー。

　古代チャモロ人がグアム島を含むマリアナ諸島にやってきたのは、紀元前 1500 年ごろであると考えられている。島内でラッテストーンと呼ばれるサンゴ石灰岩でできた２列にならんだ石柱群（▶ 67）や、それをもとにデザインしたグッズをみかける。このラッテストーンが現れる前は先ラッテ期、ラッテストーンがつくられた時期はラッテ期（９世紀〜）と一般的に呼ばれている。ラッテ期には、各村に勇壮なチーフが存在し、今でもガダオなど伝説（▶ 63）となって語り継がれている。

　グアムがヨーロッパ世界に知られるようになったのは、1521 年３月６日、マゼランが島南部のウマタックに上陸したことによる（▶ 16）。マゼランのマリアナ諸島の第一印象は「イスラス・デ・ラス・ヴェラス・ラティナス」であったとされる。これは「大三角帆の島」を意味し、三角形の帆をもつカヌー（▶ 68）の速さとその敏捷な動きに驚嘆したという。その後、スペイン、ポルトガル、イギリス、オランダ等の探検隊がマリアナ諸島を訪れ、1565 年にスペインが領有を宣言した。以降、333 年もの間、スペインによる統治が続いた。現在、グアムはアメリカ合衆国に属しているが、風俗・習慣・宗教・言語などにスペイン統治時代の影響が色濃く残っている（▶ 55, 75, 86）。1668 年６月 15 日、宣教師のディエゴ・ルイス・サン＝ヴィトレスとその一行がグアムに到着し、ハガッニャを最初の

伝道地とした。カトリックの教えは、宣教師によってハガッニャから徐々に近隣の島々へと広がった。

しかし「先祖崇拝」を強く禁止するなど、カトリックの教えがチャモロの伝統的価値観や習慣と相反することから、徐々に人々が反発するようになった。この最初の布教の軋轢（あつれき）から、1695年頃にチャモロが制圧されるまで、チャモロの反乱「スペイン－チャモロ戦争」は続いた。宣教師たちが行ったのはキリスト教の伝道だけでなく、教育制度、西洋文化、音楽や美術、文学を持ち込んだ。宣教師サン＝ヴィトレスは、とくに教育を重視して学校を開いた。宣教師たちはチャモロ語を習得すると、祈りや賛美歌をチャモロ語に翻訳した。現在も、住民の約75％はカトリック教徒で、島内の各村には美しい教会があり（▶18）、日曜の礼拝だけでなく若者の教育を担うなど、住民の生活の基盤になっている。

1800年代になると、領土拡大のため欧米諸国が太平洋地域に関心をもつようになった。スペイン統治が始まって333年が経った1898年4月、スペイン軍によるアメリカ戦艦への攻撃を契機に、アメリカはスペインに宣戦を布告した。1898年、アメリカとスペインの講和条約により、グアムはアメリカの植民地支配下に置かれた。

この頃グアムに渡った日本人がいた。1868年（慶応4年＝明治元年）、日本からハワイ等に移民を送っていたヴァン・リードによって、当時まだスペイン領だったグアムに42人の労働者が横浜から旅立った。二人が小笠原で下船し、三人が船中で死亡したとされる。労働環境が過酷で契約と異なったことから、外国船に便乗して日本に帰国する者が現れるようになっ

イナラハンにある聖ヨセフ教会。日本軍統治中、島内に潜伏していたアメリカ通信兵をかくまったとして日本軍の手によって命を落としたデュエナス神父が眠る（▶23）。

た。明治政府は、徳川幕府の神奈川奉行の証書によって出国したこの渡航者たちの存在を把握していなかったので、慌てたというが、3年後には日本政府が船を出して残りの日本人を帰国させた。実はこれ以前にも日本人漂流者がグアムにいたとも言われている。

　第一次世界大戦後、ドイツが植民地としていたミクロネシア諸島、北マリアナ諸島を日本が代わって統治することとなった（▶45）。そして、1941年12月10日、約5000人の日本軍がグアム島を占領し、1944年にアメリカ軍が奪還するまで、2年7ヵ月の日本占領が続いた。グアムは「偉大なる神の島」を意味する「大宮島（おおみやじま）」に、ハガッニャは明石と改名された。日本軍は歴代の統治者と同様に、島民に日本語を使用することを強制した（▶22, 43）。アメリカ軍がマリアナ諸島に向かって反撃を強めるにつれて、チャモロに対する日本軍の態度は日毎に厳しくなり、島民たちは強制労働をさせられ（▶42, 48）、島の中南部にある収容所に集められた。この強制移動が戦後の彼らのランドオーナーシップの問題を引き起こすことにもなる（▶36, 42）。そして1944年7月21日、アメリカ軍がグアムに再上陸し、戦後アメリカ領となった。

　グアムの歴史がスペイン統治期以降、すべて外圧による時代区分となってしまっていることに島のコロニアリズムの歴史を読みとることができる。現代の観光産業の開始となった1968年も特記すべき年かもしれない。この年にパン・アメリカン航空が東京－グアム間の定期航空便を就航させ、日本人を主な対象としたリゾート産業が発展し、現在に至っている。

（中山京子）

チャモロとは誰か

　古代チャモロ人は、チャモロ語がマレー語などと同じオーストロネシア語に属することや、植物学や考古学の研究成果からも、フィリピンやインドネシアなど東南アジア方面からやってきたと考えられている。また、遺伝子学の進歩で台湾や中国、日本との関係も明らかにされつつある。一方で、「チャモロ人」は誰かと問われることもある。

　スペイン－チャモロ戦争、1688年に流行した天然痘、1693年の大台風などによって、かつては5万ないし10万人と考えられていたチャモロ人口は、5000人以下にまで減少し、その生き残りは女性と子どもであったという。1800年ごろにはカロリン諸島からの移住者が増えた。1820年頃からは太平洋の捕鯨船が入港するようになり、チャモロ人女性と、スペイン人・フィリピン人・メキシコ人に加え捕鯨船の乗組員との結婚などにより、1850年頃には純粋なチャモロ人はほとんどいなくなったとされる。激減したチャモロ人の人口は、主にスペイン人との混血によって回復し、その結果スペイン系の苗字が多い。

　こういった殺戮、病死、混血によって純粋チャモロ人はほとんどいなくなったとする見方はグアム関係の文献で一般的に見られる。たとえば、先住民に関する研究者であるバージャーは「スペイン人が太平洋のマリアナ諸島に到着した1695年から98年の間に、彼らは他の島々に住んでいたすべてのチャモロ民族を強制

マゼラン上陸記念碑。記念碑があるウマタックは、日本占領期には馬田と呼ばれた。

的にグアム島に集めた。その結果、7万人から10万人と推定されていた人口は、1756年までにたったの1600人に減少させられた」(1992年、74頁)とした。

しかし、この見方について、実は歴史家たちがマゼランをはじめ植民地支配側の記述をもとにしているコロニアルな視点によるものである、というチャモロの声もあがっている。「社会制度を自らコントロールする機会がなかったため、チャモロはただ外界の見方に従属するだけだった。またそれを内面化してしまった。数世代にわたり、チャモロ人は劣っていて、無知で、遅れていると言われ続けた。さらに外国の歴史家や行政官の狡猾な動機によって、チャモロ人は実在しなかったと言われた。チャモロは地球上から消されたとグアムの人々は言われ、残念ながらそれを多くの人々が信じてしまった」とホープ(1993年、139頁)は言う。

英語が第一言語となっているチャモロの子ども。

こうしたチャモロの声明により、チャモロは純血性よりも「チャモロ文化を担っている人々」「抑圧されながら存在し続けてきた人々」という認識が重要視されている。近年では一般に「グアメニアン」という呼称が広がっている。これは1950年にグアム基本法(▶11)が制定されアメリカ市民権が与えられたときに、「グアメニアン」という名称が政治的に導入されたことによる。しかし、このグアメニアンという呼称は、カロリン諸島からの移住者やアジアからの移民の子孫を含めたグアム居住者の総称を指すことになってしまい、先住民生来の権限というものが失われてしまうので、否定的な見方もある。

1960年代の公民権運動に端を発したアメリカ本土の先住民運動に呼応して、ハワイやオセアニアの太平

洋諸島の先住民運動がひろがっていった（▶ 68）。そして、1960年代末期以降にグアム憲法制定をめぐってチャモロの自己決定が議論されるようになった。その中で、チャモロの運動組織として Organization of People for Indigenous Rights（先住民の権利を求める会）などが活動を展開し、活動家エンジェル・サントスを中心に先住民運動が展開された。

チャモロの呼称に関して、チャモロの言語学者らによって言語学的に正しいとする Chamoru という表記が示され、グアメニアンとの差異化が図られている。先住民族権利活動グループであるチャモル・ネーション（Chamoru Nation、1991年設立）との連携もあり、チャモロの人々の間で積極的に使用されるようになってきている。学校では、英文表記の時には Chamorro と書き、チャモロ語で表記する時は Chamoru と使い分ける指導をしている（▶ 80）。チャモロ語での発音は「ツァモル」に近い。本書では、チャモロの人々の意思をうけてチャモル、またはツァモルと表記したいところだが、広く英語や日本語文献で使用され、ガイドブックにおいても汎用性が高い「チャモロ」と表記することとする。

チャモロとしてのアイデンティティを強く持つ人々も、スペイン統治時代の影響を色濃く残したチャモロ文化を継承している。3月のチャモロ月間に行われるチャモロ語での教会のミサには、多くのチャモロの人々が集まり、神に祈りを捧げる。

（中山京子）

ハガッニャのラッテストーン公園にはエンジェル・サントスのメモリアルがある。彼が先住民運動に与えた影響は大きかった。1995年没。

2009年2月末、マンギラオにある Santa Teresita 教会でチャモロ月間行事としてチャモロ語でミサが行われた。各学校代表のチャモロの子どもたちも礼拝の儀式に参加した。本教会はチャモロ人建築家 Andrew Tenorio Laguaña 氏によってデザインされた（2006年4月完成）。

12月8日は「真珠湾」だけでない

　1941年12月8日、日本海軍連合艦隊機動部隊による真珠湾攻撃が行われた。ハワイ時間7日午前7時55分、日曜日の穏やかな朝のことであった。攻撃を予想していなかったアメリカ側は戦闘体制になく、大混乱に陥り、日本軍は奇襲に成功した。アメリカ海軍の重要な戦艦8隻を含む12隻、164の戦闘機が破壊され、アメリカ人は一般市民を含む2390名が犠牲となった。日本側は64名の兵士を失った。太平洋の主要基地を直接攻撃され、大損害をこうむった奇襲攻撃は、「リメンバー・パールハーバー」として深くアメリカ人の胸に刻まれることとなった。

　この真珠湾攻撃の衝撃があまりにも大きかったことから、グアム攻撃について知る人は多くない。同じく12月8日（日本時間）午前8時30分、真珠湾攻撃から5時間後、日本海軍飛行隊はグアム攻撃を開始した。海岸に点在するアメリカ軍施設を破壊し、攻撃開始3日目の12月10日の未明には日本兵約5000人が上陸を果たした。そして夜明け前には主都ハガッニャに侵攻し、アメリカ側のジョージ・マクミラン総督は、規模の違いから戦闘は無謀と判断し、降伏文書に署名したという。このときグアムにいたアメリカの戦闘員は、海兵隊、海軍兵、現地民兵すべてを合わせて500〜600人であった。捕虜となったアメリカ兵と関係者のうちマクミラン総督を含む421人が、1942年あるぜんちな丸にてグアムを離れて、香川県善通寺の

捕虜収容所に移送された。犠牲の大きかった真珠湾がクローズアップされる中で、米領が直接占領されたという衝撃はアメリカ国家にとって大きかった。

　この日本軍上陸にあたり、三人のチャモロの存在がマクミラン総督によって報告されている。その報告によると、日本軍の攻撃が続く夜明け、島北部のリティディアン岬に上陸したロタ島（▶83）から偵察に送り込まれた数人の日本兵が警備兵と警察によって捕まえられた。その中には、グアムに親類がいるサイパン在住のチャモロが含まれていて、日本軍は日本軍上陸の際の現地住民との通訳として送り込んだのである。そのチャモロの男三人は、日本軍は翌朝火曜日に上陸する予定があることや、その場所も明かした。マクミラン総督が、なぜその情報を提供したのか彼らに訊ねると、サイパンでは日本軍はチャモロの住民を奴隷のように扱い、グアムもそうなることを懸念するからだと言ったとされる。総督はそのとき、日本軍の上陸がスムーズに行くように、アメリカ海軍を夜の間にスマイから移動させようとする罠かもしれないと考えた。実際の上陸は水曜日だったものの、その他の情報は正しかった。二日後に日本軍は、監獄に収容されているこの三人を発見した。こうして、日米の戦闘にチャモロの人々は否応無しに巻き込まれていった。

　終戦まで、降伏文書（次頁）に記載されている島の住民チャモロの人々の人権は守られただろうか。

（中山京子）

リティディアン岬には、チャモロの人々が暮らした洞窟遺跡がある。写真中央に見える石灰岩のラッテや、人々が食材などをすりつぶす時に使用した穴が今も多数残る。（見学には許可が必要）

旧スマイ集落は、スペイン統治時代に商業港として栄え、グアムで2番目に大きな村であった。12月8日の日本軍による攻撃で被害をうけ、アメリカ軍上陸前の猛爆撃により完全に破壊された。現在の唯一の村跡である墓地は、アメリカ軍基地内にあるため、墓参りに行くにもゲートで許可を得なければならない。

LETTER OF SURRENDER

Government House, Guam
10 December 1941
From: Governor of Guam
To: Senior Officer Present, Commanding Imperial Japanese Forces in Guam.

Subject: Surrender

1. I, Captain George J. McMillin, United States Naval Station, Guam, by authority of my commission from the President of the United States, do, as a result of superior military forces landed on Guam this date, as an act of war, surrender this post to you as the representative of the Imperial Japanese Government.

2. The responsibility of the civil government of Guam becomes yours as of the time of signing this document.

3. I have been assured by you that <u>the civil rights of the population of Guam will be respected</u> and that the military forces surrendered to you will be accorded all the rights stipulated by International Law and the laws of humanity.

G. J. McMillin

（下線筆者）

忘れない「大宮島(おおみやじま)」の記憶

　日本海軍はグアム占領のために警備隊を組織し、島名を「大宮島」＊とし、行政実務を行う民生部を置いた。大宮島を1市1区14村に区分し、ハガッニャを明石、スマイを須磨、ウマタックを馬田というようにすべて日本語の地名を設けた。こうして2年7ヵ月にわたる日本占領が始まり、この期間は「ティエポン・チャパネス」（日本時代の意）と呼ばれる。

　この「大宮島」としての時代に、チャモロの人々は飛行場造成や稲作の労働、食糧提供等が強いられただけでなく、英語の使用禁止、ラジオ所有の禁止など、日常生活も束縛された。日中、日本軍の監督のもとで労働し、夕方から自宅の畑や家畜の世話をし、そして家族用の作物までも供出させられた記憶を持つ人も多い（▶ 42, 48）。

　島内に15の国民学校が開設され、子どもたちは毎日4時間、大人は週に二晩学校に通い、日本語、日本文化、算数を学ぶことを求められた。子どもたちは、主にカタカナ筆記を学習した（▶ 43, 48）。国民学校への出席が強要されたが、5000人が戦前からの地元の学校に通い、約600人が国民学校に通った。とくにお辞儀の練習が厳しかったと言われる（▶ 42）。生徒たちは教室に掲げられた天皇の写真に毎朝、礼をすることが求められた。外で役人や警察に出会った時には帽子をとり、45度でゆっくりとお辞儀をし、天皇と皇室一家のために身体を北に向けて90度のお辞儀を厳

＊「だいきゅうとう」と読むこともある。英語文献ではOmiyajimaと表記されることが一般的となっている。

かにするように求められた。

　戦況が悪化すると、さまざまな理由で拷問にかけられた。とくに米海軍ジョージ・トゥイード通信士が逃亡してジャングルに潜んでいた31ヵ月間には、食糧を届けているのではないか、かくまっているのではないかと疑われ、一般住民から神父までが拷問、虐殺された。チャモロの人々の心を支えたデュエナス神父は、米軍上陸9日前に4日間にわたる拷問の末、処刑された（▶14）。トゥイード通信士がグアムを脱出して2日後だった。

　日本軍はチャモロの人々に塹壕、砲台を造らせ、重い物資の運搬をさせた。食糧不足、米軍上陸の恐怖にかられた日本軍は、南部のメリッソ村で、家族に米軍関係者がいる人や、リーダー的存在の人を集め、洞窟に押し込み手榴弾で殺害するといった行為を二度にわたって行った。現在その地には慰霊碑がつくられ（▶29）、グアム在住の平和を希求する日本人も慰霊や清掃活動に参加している。日本占領中に約700人のチャモロの人々が日本軍によって殺害されたとされる。

日本軍監督のもと、田植えをするチャモロの人々（イナラハンにて）。日本軍は食料確保に必死であったと言われる。
[War in the Pacific National Historical Park]

米軍による攻撃に備え、日本軍は島の中南部につくった強制収容所にチャモロの人々を連行した。日米の戦闘に巻き込まないようにとも、強制労働によって造らせた塹壕（ざんごう）などの情報が漏洩しないようにとも言われる。この強制収容所は、アメリカが日系アメリカ人を収容した強制収容所とは状況は異なり、十分な食べ物がなく、衛生状態も悪かった（▶25, 26）。アメリカ軍による解放を願うチャモロの人々が米軍機を見上げるだけで処罰されたとも言う。

　2年半の間に日本軍は人々に心身ともに大きな傷を追わせた。その結果、アメリカ軍再上陸後、生き延びてジャングルに散った日本軍兵士がチャモロの人々に救いの手を差し出してもらえることはほとんどなかった（▶48）。

　アメリカ軍の再上陸によってグアムはアメリカ領となり、そのアメリカが日本の戦争被害について免責したため、チャモロの人々は日本政府からの謝罪も補償も受けていない。

（中山京子）

日本語の学習の風景。グアムでの日本占領は約2年半であったにもかかわらず、学齢期に日本語教育を受け日本語をおぼえている高齢者も多い。
[War in the Pacific National Historical Park]

帰ってきてアンクル・サム

　人々は歌とともに当時の記憶をよみがえらせる。グアムの高齢の人が日本語学校で覚えた歌を私たちに聞かせるとき、どのような風景が脳裏に浮かんでいるのだろうか。日本占領時代、英語であるが最も人気だった歌が「アンクル・サム、グアムに帰ってきて」だったと言われている。戦争を体験した人々は、いまでもこの歌を口ずさむことができる。

　　　　Eighth of December 1941,
　　　　　1941年12月8日
　　　　The people went crazy,
　　　　　人々は狂気にみちた
　　　　Right here in Guam.
　　　　　まさにここグアムで
　　　　Oh Mr. Sam, Sam my dear Uncle Sam,
　　　　　サム、サム、親愛なアンクル・サム
　　　　Won't you please come back to Guam.
　　　　　どうかグアムに帰ってきて

　日本統治の下、チャモロの人々は強制労働や日本語学習を強制されながら（▶ 22, 42）、密かにアメリカ軍が戻ってくることを願っていた。「アンクル・サム」とは Uncle Sum の頭文字 US、つまり合衆国＝アメリカ軍を意味する。

　日本軍がチャモロの人々を集めた強制収容所では、英語使用の禁止はもちろん、アメリカの歌を歌うことも禁じられていた。しかし、チャモロの人々は"Happy Days Are Hear Again"や"You Are My

Sunshine" などをひとりでこっそり口ずさみ、数人で馴染みの歌を歌っていた。Happy days は日本統治前のアメリカ統治時代を意味し、You はアメリカを意味した。そんな中で、アンクル・サムが登場する歌が広まった。

> Uncle Sam, I'm sad and lonely.
> 　アンクル・サム、悲しくて寂しいよ
> Uncle Sam, Come back to me.
> 　アンクル・サム、グアムに帰ってきて
> Uncle Sam, I love you only.
> 　アンクル・サム、あなただけ愛してる
> Oh, please come back and set me free.
> 　どうか帰ってきて私を自由にして

　ある時、この歌が生まれ、あっという間に強制収容所内に広がったという。それが「アンクル・サム、グアムに帰ってきて」である。強制収容所といっても生活のための施設があったわけではなく、山の中に集められて監視されただけであり、自力で生きなければならなかった。強制収容所に集められる直前に南部では虐殺や暴力が起こり（▶ 29, 30）、日本軍への憎悪は増し、逆に「アンクル・サム」への気持ちは高まっていた。

　現在でも村の守護神を祝福するための村まつり（フィエスタ▶ 75）や、7月21日の解放記念日（▶ 46）に懐かしの歌として歌われることもあるという。つまりこの歌は、人生の同じ境遇を共有した高齢者にとっての日本占領時代を物語る記憶のひとつなのである。

　「アンクル・サム、グアムに帰ってきて」に関し、人々の記憶の中にはいくつかのバージョンがあるが、フルコーラスが記録されたものを、次頁に紹介する。

（中山京子）

マネンガンの強制収容所での人々の様子。
[War in the Pacific National Historical Park]

Uncle Sam, Won't you Please Come Back to Guam

Early Monday morning the action came to Guam,

Eighth of December, Nineteen forty-one,

　＊コーラス　Oh Mister Sam, Sam, My dear Uncle Sam.

　　　　　　Won't you please come back to Guam.

Nine Japanese planes flew over Guam.

They dropped their bombs right here on Guam.

　＊コーラス

Our lives are in danger — you better come and kill all the right her on Guam.

　＊コーラス

I don't like saki（日本酒の意）, I like Canadian（ウィスキーの意）.

I don't like the Japanese, I like the American.

　＊コーラス

Raise up your banner — red, white, and blue.

People on Guam are waiting for you.

　＊コーラス

The American prisoners were sent to Japan.

Only George Tweed is safe from the tyrant.

　＊コーラス

　Composed by Mr. Fultado

　(Collected and translated by Carman Santos, 1989)

　Suzanne Falgout et. all (2008) *Memories of War: Micronesians in the Pacific War*, University of Hawaii より転載。

それぞれのメモリアル

　グアムには戦争に関する慰霊塔、慰霊碑、博物館などのいくつものメモリアルがある。真珠湾攻撃で犠牲になったチャモロ人慰霊碑、日本軍に殺害されたチャモロ人の慰霊碑、第二次世界大戦で戦死したアメリカ兵と日本兵の慰霊碑、B-29最終出撃地記念碑、ベトナム戦争で戦死したチャモロ兵慰霊碑（▶35）、平和祈念塔など、それぞれの目的をもってメモリアルが存在している。また、太平洋戦争国立歴史公園（War in the Pacific National Historical Park）、太平洋戦争博物館（Pacific War Museum）などの施設もある。

　南太平洋戦没者慰霊塔は1970年に建立された。両手をあわせた形をデザインした美しく白いモニュメント塔（▶93）の裏には、日本軍が建造した飲料水槽システムやグアム島最後の激戦地となった叉木山戦闘司令部壕跡がある。飲料水槽システムは、戦後60年以上もジャングルの中で放置されているにも関わらず機能していることに、地元の人は感心しているという。コンクリートで造営された壕では、アメリカ海軍による艦砲放射の中、玉砕を覚悟した小畑英良中将が「己れ身を以て、太平洋の防波堤たらん」と打電し、60名の将兵とともに自決した。狂気に襲われた日

南太平洋戦没者慰霊塔裏の日本軍壕跡に育つ竹。しなやかにのびる竹と野生タロの葉のコントラストが美しい。地元では、上空からのアメリカ軍機による偵察から竹林が陣営を守っていたとも、日本人が植えたとも言われている。

本兵が必死の覚悟での時間を過ごしたこの密林の空間、国防を信じて命を捧げた人々の最後の地は、今は木漏れ日の中、優しい風が吹いている。残念ながら、日本人観光客はせっかくこの慰霊塔まで来たにもかかわらず、壕跡まで足をのばす人は少ない。

　このメモリアルの建立をめぐっては1965年、当時の植木光敦参議院議員を代表とする日本人慰霊団とチャモロ人のオスカー・カルボ神父の働きによってチャモロの人々の理解を得て、日本軍とチャモロの人々を慰霊することを目的にし、またその建立は発展しつつあった観光産業にも位置づくことが期待された。しかし、アメリカ本土において退役軍人を中心に反対運動が展開された結果、この慰霊塔は太平洋戦争で亡くなったすべての人を慰霊する平和記念塔として規模を縮小された*。慰霊塔裏の壕跡や石碑を見れば日本軍人慰霊の趣が強いことが感じられるが、慰霊行事にしばしば呼ばれるフランシスコ・ラボン（Francisco Rabon ▶ 82）氏は、心をこめてチャモロ人をはじめ亡くなった人すべてにチャモロ語で祈りを捧げているという。

＊建立経緯の詳細は山口誠『グアムと日本人――戦争を埋立てた楽園』（岩波新書、2007年）に詳しい。

ファハ受難碑とココナツの幼木。ここで起こった事について犠牲者の家族が語り継いでいる。

　ティンタ受難碑（メリッソ）は1944年7月15日の米軍上陸6日前、チャモロ住民30名（14名が生還）が日本軍によって殺害されたことを物語る。

　ファハ受難碑（メリッソ）は1944年7月16日、日本軍陣地壕建築のため

の強制労働後、30人のチャモロ男性が殺害されたことを物語る。祖父と祖父の兄をこの事件で亡くしたアンソニー・マンタノナ（Anthony Mantanona）氏の祖母は、祖父を探しに行ったときに、祖父が労働前に木の枝に掛けた弁当箱とベルトを見つけた。遺体は判別できる状況ではなかったという。氏は、日本人がこの出来事を共有して記憶してほしいとは思うが、それ以上に友情を築くことを大事にしたいと願い、それが平和の証であると信じている。受難碑が建つ場所に犠牲者とともにいる家族としてのココナツが植樹され、数年後には新たに犠牲者数の30本のココナツが植樹された。

　ニミッツ・ヒルにあるアサン湾展望台には、アメリカ連邦政府によってつくられたメモリアルがある。戦争中に亡くなったアメリカ人、チャモロ、日本軍による強制収容者約2万人の名が刻まれている。ハワイの真珠湾攻撃で犠牲にあったチャモロのメモリアルプレートも特別につくられている。

　誰がどのような想いを込めて見守っているのか、それぞれのメモリアルには人々の心が集っている。

（中山京子）

ハワイ・真珠湾のメモリアルサイト。白いメモリアルの下には戦艦アリゾナが沈んでいる。戦艦アリゾナでは6人のチャモロ人兵士が犠牲となった。

当時アメリカ軍で働いていて、真珠湾攻撃によって死亡したチャモロの12名を記すプレート「Suns of Guam – Pearl Harbor Memorial」。墓はハガッニャ墓地や出身の村の墓地などにある。

急速に多文化化するグアム

　グアムは日本からの解放後、再度アメリカ統治下におかれ、政治的にも経済的にもアメリカ主導となった。開発が進み、軍事産業、観光産業が展開され、経済活動が進展したが、それは誰のためになっているのだろう。チャモロの人々が望んだというよりも、むしろ開発の流れに巻き込まれてしまったという表現が近い。こうした流れの中で、グアムへの移民の流入が続き、グアムの多文化化が進んでいる。1940年には、チャモロ人口は全人口の90.5％にあたる22,290人であった。しかし、1970年にはチャモロ人口は55％となり、28％が多様な地域からやってきたアメリカ市民権をもつ者、15％が外国人となった。近年はとくにフィリピン人の流入が目立ち、1960年には3,043人だったが、2000年には40,729人となり、人口の26％を占めている。

　一方、収入、医療ケア、勉学など様々な理由からチャモロの人々の本土への流出も増え、2000年の調査によると、約5万8000人のチャモロ、3万4000人のチャモロの血をひく人々が、カリフォルニア州を中心に居住している。若い世代の頭脳流出も問題視されている。移民の流入に加え、本土への流出、異人種間結婚によるハイブリッド化（▶ 39）が、ますますチャモロをマイノリティ化させている。

　チャモロ先住民局（Department of Chamorro Affairs）は文化多元主義について、以下のように指摘

する。

　文化多元主義は、アメリカの現実や状況に応じるアメリカ独自の哲学といってよく、文化的遺産を維持することができる。文化多元主義者は、アメリカ人として、しかしながら文化的に異なる個人として存在することを主張する。移民社会アメリカを支える装置として文化多元主義は重要である。しかし、グアムでは意味合いが異なる。グアムの独特な社会状況では、文化多元主義者の理論はあてはまらない。「メルティングポット」や「多文化」という用語が今日のグアムの現実を語るためにしばしば、しかも大雑把に用いられる。グアムは多文化化しているものの、多文化的要素がグアムの基盤をつくるというようなメルティングポットではないにもかかわらず、アメリカが課した考え方をそのまま持ち込もうとしている状況がある。そして外国人が土地を買い、アメリカ軍基地関連産業や観光産業に従事する労働者の流入が続けば、先住民は周辺化され、グアムを自分たちの手でコントロールできなくなる恐れがある。

デイビッド・ネルソン（David Nelson）教諭の社会科の授業風景。グアムの歴史を多様な視点から教えている。

ピクニックでのテーブル上の一風景。チャモロ料理、クラッカー、キムチ、日本の即席ラーメンが積み重なる光景は、グアムの多文化社会の縮図にも見える。

こうした背景から、チャモロ学習（▶80）は地域の要請で始まったというよりも、合衆国における民族集団の脅威がその導入を後押ししたとも言われている。チャモロの他、フィリピン移民、パラオやヤップなどの島からの移民、アジアからの移民など、多様な生徒が混在する高校では、エスニックグループの衝突が起こることもあり、教職員は大きな事件に至らないように留意している。マンギラオにある高校では、30人のあるクラスで16人がチャモロ、8人がフィリピン系、5人がパラオやロタなどの他の島嶼系、1人が韓国系であった。教室の多文化化の進展とともに多文化教育の必要性がいわれ、同時にチャモロの島グアムとしてのアイデンティティの育成の双方が求められる中で、今後の教育の方向性は将来のグアムのあり方に大きな影響を与えるだろう。

　グローバル化にともない、地域の多文化社会が進展し、多文化共生が未来を築くように語られることが一般に増えてきているが、地域経済よりも外からの資本によって急速にもたらされる地域の多文化化に、未来志向の共生を求める思考は追いつかない。とくに先住民チャモロの人々にとっては、自分たちの生活の場を奪われ、マイノリティ化し、権利の主張や文化保持の姿勢を保つ事に精一杯の状況と言えよう。

（中山京子）

	1940年(%)	1950年(%)	1960年(%)	1980年(%)	2000年(%)
チャモロ	20,173 (90.5)	27,124 (46.1)	34,726 (51.8)	47,825 (45.1)	57,297 (37.0)
白　人	780 (3.5)	22,920 (37.9)	20,724 (30.9)	26,901 (25.4)	10,509 (6.8)
その他	1,337 (6.0)	9,454 (16.1)	11,558 (17.2)	31,253 (29.5)	86,999 (56.2)
合　計（人）	22,290	59,498	67,008	105,979	154,805

U.S.Bureau of Census Decennial Reports,2000 より作成

植民地主義とチャモロの人々

　植民地主義は、チャモロの人々の物の見方や考え方に、ネガティブにもポジティブにも強い影響を与えてきた。1898年から日本占領までの初期アメリカ統治は、スペイン植民地主義の終焉をもたらしたことにより、チャモロの人々は喜んだ。しかしそれは同時に、アメリカ海軍による軍事化という新しい占領の始まりでもあった。

　チャモロの人々に課された義務教育では、すべての公立学校で英語学習が実施された。チャモロの子どもたちは学校で英語を習得することを求められ、公共の場においては英語を話すことを強制され（▶ 49, 54）、公共の場でチャモロ語を話すことは認められなくなった。これは先住民の言語であるチャモロ語の明らかな消失の始まりであった。そして英語のレベルが高く、より知的でスマートな人ほど、グアムにおいて社会的に高い地位を得ることができるようになった（▶ 54）。学校に通う誰もが、流暢に話せるように英語を学ばなければならず、それは「よいアメリカ市民になる」ことを意味した。

　グアムは海軍に統治され、海軍がグアム島警備隊（日本がグアムを侵略する数ヵ月前に形成された）を組織した時のように、兵士になることで手に入れられる利益に多くのチャモロの青年は魅了され、尊敬される地位と海軍政府からの利益をもたらす軍の制服に身を包んだ。

ベトナム戦争で戦死した74人のチャモロ兵士の追悼のためのメモリアル。4000人のグアムの若者が出兵した。出生時はアメリカ国民ではなかったが、1950年のグアム基本法によって市民権を得た者たちが多かった。戦死者のグアム人口に対する比率はアメリカ全土のそれの3倍近くである。

多くのチャモロの人々にアメリカ植民地主義への忠誠心と肯定感が生まれた。そして大勢のチャモロの男たちがアメリカ軍に入隊して、第二次世界大戦、朝鮮戦争、ベトナム戦争で闘い、今日ではイラクやアフガニスタンで戦っている。多くのチャモロ女性は、アメリカ人兵士と結婚し、子どもをもうけ、彼らの親の意にそうようになっていった。そうした状況をなげく人たちは今日、残念ながら「反軍隊主義者、反米政府主義者」として冷ややかにみられることもある。しかし、活動家が反対するのはアメリカ人自身ではなく連邦政府システムであり、それによって区別されているものに関して、グアムの政治的自決を求めるための壮大なチャレンジをしているのである。

グアムの政治的地位の選択は、独立すること、合衆国の州になること、コモンウエルス（内政権をもつ自治領）となることのいずれかである。多くの人がグアムの現在の地位である「アメリカ未編入領土」を支持しているが、これが唯一の選択ではない。この選択は、グアムが州の地位になることを、多くの人々が簡単には考えていないということである。州の地位を選択することは、サイパン、ロタ（▶83）、テニアンの北マリアナ諸島との統一に到達できなくなってしまう可能性がある。同じチャモロ（▶16）のこれらの島は、合衆国政府によって統括されている北マリアナ諸島コモンウエルスとして存在している。

植民地主義やその考え方は多くのチャモロの人々を体制順応者にし、アメリカ政府への忠誠を誓うことを望むようにしむけてしまった。この精神性は、言語と文化を維持するために戦う先住民チャモロの大きな妨げとなっている。

グアムの3分の1にあたるチャモロの土地が、連邦政府による軍隊によって占領されているという未解決の問題がある。チャモロの土地は65年近くなんの補償もなく取り上げられたままであり、返還が待ち望まれている（▶15, 42, 53）。これは、チャモロの人々とアメリカ連邦政府の間に存在する、長くなかなか解決しない大きな問題である。

　合衆国議会はグアム忠誠法（Guam Loyalty Recognition Act）を拒否したが、多くのチャモロの人々は、約2年半にわたる日本占領による強制行軍、強制労働（▶42, 48）についての戦時賠償補償を待っている。この問題は2011年まで持ち越されることになっている。高齢者たちは確実に年老いていき、補償の問題を長くは待てない。年々、多くの年長者がこの世を去っている。合衆国議会の議員は、第二次世界大戦中にチャモロの人々が被った残虐なことを理解していない。真珠湾攻撃だけがアメリカ人を攻撃した出来事のように思われ、太平洋における戦争についてはほとんど知られていない。

　また現在、多くのチャモロ人が軍隊に所属し、アメリカ人兵士としてアフガニスタンやイラクで戦っているが、他のアメリカ市民のように大統領選挙に投票することは未だにできないでいる。結果として、多くの若いチャモロ人兵士が戦死している。不公平はまさに不正義である。今日、アフリカやクエートにも多くのチャモロの青年が従軍している。

　チャモロの人々は今、合衆国と連邦政府によっていかなる時にもいか様にも扱える所有物のように考えられていることを感じている。自分たち自身を二流市民でアメリカ合衆国の領土や財産のように感じているのである。

（ロナルド T. ラガニャ）

アメリカ軍グアム移転に関する住民説明会の会場外に示されたメッセージボード。

GUAM
400 yrs A PROPERTY
TODAY U.S.A.
1st TO DIE, WHY ?
TIP OF THE SPEAR
FOR U.S. DEFENSE
INDEPENDENCE
OR NO LIFE

「グアムは400年所有され、今はアメリカに所有されている。なぜ最初に死ななければならないのか？　合衆国を守るための槍の先端か？　独立するか、命を失うかだ」

アメリカ再統治に悩まされるチャモロの人々

　アメリカ軍、とくに海軍によるグアムの再占領は、マリアナ諸島の先住民であるチャモロの人々に今後も衝撃を与えうる大きな要因である。もの言わぬマジョリティであるチャモロの人々は、軍備増強に対する考えがあっても言いなりになり続けている。そのひとつの理由は、高齢者や親世代にとって、抗議運動は文化的に受け入れられないものであるからである。チャモロの人々は沈黙と従順を保っている。軍と連邦政府への忠誠は、第二次世界大戦中の２年半に渡る日本占領からチャモロの人々を結果的に解放することとなったアメリカ軍への支持によるものである。また、多くのチャモロ人がグアム周辺のさまざまな基地で働く市民雇用者として、軍関係の仕事や連邦政府の仕事に就いている。仕事を失うことの危機感が、従順で順応になる理由でもある。

　植民地主義にチャモロの人々が無感覚なように見えてしまうことには、グアム議会代表として選出されている現在の連邦下院議員（投票権はもたない）が、45年以上グアムに居住していた故グアム知事と結婚していた女性であるという背景があろう。近くに位置する北朝鮮の核実験による太平洋への脅威の増幅に対して軍事安全を図ることと同様に、経済的繁栄を理由に軍増強を全面的に支持している。白人である彼女はチャモロ語話者ではなく、マリアナ諸島の先住民との言語的つながりが弱いことから、先住民のものの見方を考

える必要性をあまり認識していない。以前、活動家たちが彼女のグアム事務所の前で、海軍グアム移転への反対抗議運動とデモを計画した。しかし、そのような抗議行動は「恥ずべきこと」(na'mamahlao)と思われている中では時期尚早で、コミュニティからの支援をほとんど得ることができなかった。一方で、「恥ずべきことではない」を意味する Taimamahlao という言葉を行動で示した。多くのチャモロの人々が沈黙し続ける傾向があるため、このことはチャモロ文化や人々にとって、意義ある重要なことである。活動家である「闘士」がチャモロの利権を保ち続けることを守るための闘いに導く。人々の支援が欠けていることは一丸となることへの大きな挑戦でもある。

　企業の取締役が集まるグアム商工会議所は、少数の地元民と多くの本土からの投資家で構成され、アメリカ海軍のグアム移転を支持する企業取締役連合を組織した。連邦政府は商工会議所のイニシアティブを全面的に支援してきた。商工会議所のメンバーではない多くのチャモロの人々は、経済的利益をあげることが目的であり、文化的生き残りや文化保護のための考慮はない。グアムは近年人口過剰であり、軍人口増加により、高犯罪率、社会不均衡、環境汚染やその他の負の問題にますます陥っていくだろう。

　アメリカ再占領に関する最大の苦悩は、移民と外国人ビザ免除に関する連邦政府の統制である。とくに

Guam is our HOME. Not US 'Strategic' out post！「グアムは私たちのホーム。アメリカの戦略的在外基地ではない！」と、運動を展開する人々。

1989年に連邦政府と締結された協定は無制限滞在とグアム旅行を許可し、その結果、チューク、ポンペイ、ヤップ、コスラエといったミクロネシア連邦から給付金受給対象者が流入した。連邦政府との協定によって、無制限グアム滞在ビザ免除との引き換えに、インフラ整備のための救済金がグアム政府に配分された。しかし、これらの費用は少なく見積もられた。大勢の流入民がチャモロの人々と環境への敬意をもたずにグアムに来島する。多くの人々が十分な教育を受けておらず、技術をもたず、雇用がない。住宅提供とフードスタンプ支援をあてにして子どもを生む場合もある。連邦政府補助金は、仕事に就かずにリラックスした単純な生活を支えてしまい、島中にアルコール依存症、放浪者、乱雑さが目につくようになっている。また、このような移民流入によって、チャモロの若者が仕事を得る機会が奪われている。グアムはこれらの島々からの移民流入に関する統制ができない。連邦政府の法律がローカル法にとってかわり、政治的自決とグアムの地位のコントロールを失い、先住民チャモロの人々はやがて自らの島でマイノリティになってしまうのである。

　今後ますます増える異人種間結婚によって、チャモロ人の生命力と生存は危機にさらされるだろう（▶31）。チャモロの子どもたちは自らのホームランドで生存するために闘わなければならないような大きな危機がおとずれ、島の崩壊に直面しながら育つことに挑まなければならない。そうした島の運命を予見せずにはいられない。

(ロナルド T. ラグァニャ)

II　さまざまなメモリー

木の上に座ってポーズをとる女性（戦後）[グアム博物館]

パンダナスマットの上に集まる子どもたち［グアム博物館］

戦争から解放されて、笑顔で立つ少女［グアム博物館］

戦前、日本占領期、戦後の教育に尽くした女性

フランシスカ Q. フランケス さん
（Francisca Q. Franquez）

戦争がはじまって

1920年9月生まれです。私が20歳になったばかりの時に戦争が起こったのです。日本軍の私たちの扱いはよかったですよ。中にはひどい目にあったり殺害されたりした人もいたのは事実です。でも私が経験したことはそれほど悪くはなかったのです。私はラッキーだったのかもしれませんね。

私たちは今アメリカ空軍基地となっている場所に住んでいました。私の父は滑走路を建設するなどの軍事産業に従事する事を要求されました。朝から日暮れまでほとんど休みなく働いて、ボウル一杯の米が配給されたものでした（▶ 48）。当時女性は日本軍人とすれ違うとき、両手をわきにそろえてゆっくりとお辞儀をすることを要求されました。おはようございます、とこんな風に挨拶をしたのですよ（▶ 22, 43）。今は父が建設に関わった滑走路はアメリカ空軍が使用しています。困ったことに戦後になっても、わたしたちは自分の土地に帰る事ができなくなってしまいました（▶ 15, 36）。

教えることが好き

戦争前、私は小学校で英語を教えていました。まだ卒業してたったの8ヵ月でした。そんな時に日本軍占

アプラ海軍基地内にあるオロテ滑走路は、日本軍がチャモロと朝鮮の人々を労働力として造成した。アメリカ軍再上陸後は拡張整備され、太平洋の海軍航空隊の基地として機能した。B-29もここから出撃した。

領が始まって、若い女性14人と男性10人の教師がそれぞれの村から選ばれて日本語教師育成のための特訓学校に集められました。当時の村長が日本軍からの命令で優秀な若者を選んだのです。私たちは日本軍が用意した寮に寄宿し、食費も授業料も無料でした。まず初めに1ヵ月間、規則正しく寮生活を送り、それから8ヵ月の間、昼間は日本語を学びに学校に通い、また1ヵ月の寮生活をして、全部で10ヵ月、日本語と日本の習慣や文化を学びました。食べるものの心配はしなくていいし、学ぶことが好きなわたしにとって、仲間と一緒に新しい言葉を勉強できるので結構楽しかったのです。でも、毎朝必ず「わたくしたちは誓ってよい日本人になります。わたくしたちは誓ってよく働きます。わたくしたちは誓ってよく勉強します」と、このように天皇の写真にむかって三回頭を下げて誓いの言葉を言うように指導されていました（▶22）。

　日本語を学ぶのは本当に楽しかったですよ。毎日、漢字を覚えました。タケナカ先生とトミナガ先生というお二人の先生が私たちの面倒をみてくれました。彼らは私たちのためにグアムにやってきました。英語がとても流暢でした。すばらしい人格の先生でした。日本語以外のこともたくさん教わりましたよ。今でもよく覚えています。戦後もう一度お目にかかりたかったのですが、その後どうされたのかはまったくわかりませんでした。寮生活の後、私はハガッニャの小学校でチャモロの子どもたちに日本語を教えていました（▶24）。アメリカ軍が再び上陸するまでの短い期間でしたが、多くの子どもたちが日本語をどんどん覚えていきましたよ。

　戦後は、教師として公立学校で再び英語を教えなが

ら、グアム大学で美術を学び、いくつかの学校で校長にもなりました。1966年には発達障害をもつ子どもを対象としたグアムで初のサマーキャンプを開きました。教えることが本当に好きで、退職後も教育活動にかかわってきました。

忘れられない歴史

あなたはアンクル・サムの歌（▶25）を知っていますか？　グアムのあちこちの村中で歌われていた有名な歌です。日本統治下でチャモロは自分たちの文化をもちつづけていたものですから、日本の占領が終わってチャモロの手にグアムを取り戻すことを夢見て皆で歌ったものですよ。戦後、私はずっと小学校の教師をしていました。教える仕事が大好きなのです。

現在、グアムに日本人がたくさん来ています。若い人たちは何があったのかあまり詳しいことはわかっていないようですが、グアムの日本支配の歴史を知ることは強制しません。でも知りたいならば私たちはいつでも教えますよ。

（自宅にてインタビュー）

日本語教師養成修了時の記念撮影写真（2列目左から4番目フランケスさん）。当時の日本語特訓のための寮生活は、同じ年頃の青年が集まり、見知らぬ外国の言葉や文化を学ぶことが楽しかったそうだ。
[War in the Pacific National Historical Park]

日本の名前をもつパラオ系グアメニアン

スゼッテ・キオシ・ネルソン さん
（Suzette Kioshi Nelson）

パラオのアイデンティティ

　母は1934年にパラオに生まれ、日本統治（▶15）のもとで教育を受けたので、パラオ語と英語と日本語を話します。父は1928年にパラオで生まれ、戦後にグアムに来ました。軍基地での仕事、建築現場仕事、重機操作をしたので、その間に英語とチャモロ語の他、グアムに移民してきたフィリピン人とともに仕事をすることも多く、タガログ語も覚えました。マルチリンガルな人です。私は1953年にグアムで生まれ、両親とは子どもの頃はパラオ語で話しましたが、二人の年上の兄がいて学校で英語教育を受けるようになり、英語が兄たちの第一言語になりはじめたので、両親も英語を学び、今では英語で話すことが多いのです。

　グアムではパラオ系はマイノリティです。移民の子はクラスを分けられるなどの扱いを受けたこともあります。子どもの頃、店員のチャモロ語がわからなくて聞き返したら笑われたことを覚えています。父が話そうとしていることを、周りの人がわかろうとしてくれなかったのです。そのうち父はチャモロ語を話すようになりました。グアムにパラオの人々がいることを今日でさえわかっていない人がいます。チャモロ人かと聞かれ、パラオ人だと答えると驚いた顔をして、そん

なふうに見えなかった、と言う人もいます。パラオ人が集住するコミュニティがあります。そこでは友人と、英語の他にパラオ語で話すこともあります。私はアメリカ市民権をもっていますが、パラオ人としてのアイデンティティを誇りに思っています。

日本占領期と父の思い出

　日本の占領期はとても平和で親日の人も多かったそうです（▶83）。父は人生の最後の20年を日本人のためのガイドとして働きました。それは日本占領期に日本語教育を受けたからです。1950年代、パラオではみな日本語を話していました。グアムに移住してもパラオ人が集まると日本語とパラオ語で会話がされていました。1985年に両親はパラオに戻りましたが、それまではグアムで日本の若者に日本語でツアーガイドをしながら歴史を教えていました。帰宅して、日本人が正しい日本語を使えなくなっていると嘆いていました。昔の日本語はとてもていねいで相手に敬意を払っていたけれど、最近の若者の日本語はそうではないと言っていました。両親は、日本の占領期に学んだ親切、尊敬、勤労に敬意を払うように私たちを教育しました。両親は日本人を恨んだりはしていません。

　7月21日は「解放記念日」の祝日です（▶26）。テレビや新聞では、歴史家の解説や市民の証言の特集が組まれます。そこには、親兄弟を殺されたチャモロの怒り、強制収容されたことへの怒りがあります。パラオ人としての私は気にならなくても、グアム人としての私は平気ではいられません。ふたつの見方ができるのです。両親は私に、どんな意見があっても、世界には学ぶべきことがあり、日本人から学んだ文化も尊敬

パラオ人会が組織され、パラオの各村ごとの村人会がある。ネルソンさんのルーツのNgiwal村出身者が集まる「グアム Ngiwal クラブ」は新年にピックニックを行っている。1960年代後半、タロフォフォにて。[Suzette Nelson]

パラオ人会によって建てられたアバイで、年輩者に学びながらパラオのダンスを踊る子どもたち。パラオでは、アバイは男性の集会に使用される伝統的家屋だが、グアムではパラオ系のグループの多様な集会に自由に使われている。1980年代初頭。[Suzette Nelson]

するように言いました。

日本の名前をもつわけ

私のミドルネームはキオシです。これは日本に由来しています。父の名前はEtiterngelと言います。パラオでは姓はなく、シンプルにひとつなのが普通でした。父は器用だったので、日本人は父を日本に大工の研修に出したのですが、名前が呼びにくいこと、姓名がそろっていないことから、キヨシ（Kiyoshi）という名前が日本人によってつけられて書類がつくられました。しかし、yoの発音が難しく、そのうちyがなくなってKioshiになり、私がそれを引き継いでいるのです。私にはまったく日本人の血は流れていませんが、名前にキオシとつくのはそういうわけなのです。

父が日本語ツアーガイドの仕事を始めた頃、新婚夫婦の案内をしたことがあり、その夫婦が父との写真を撮っていました。それから20〜25年ほどたったある日、その夫婦がその写真を手がかりに父を訪ねてきたのです。父は大変驚くとともに、日本人は人情や世話になった人へ敬意を払うことを忘れていないと、感激していました。

私は両親から日本人の素敵なところをたくさん聞いてきました。グアムで日本占領期に起こったことは学んでほしいと思います。

（ハワイ、East-west Centerにてインタビュー）

パラオ人会主催ソフトボール大会では、村ごとのチームが競い合っている。「グアム Ngiwal クラブ」の記念撮影。外国で生活しながらもパラオのアイデンティティを保ち、若者に村の歴史や文化を伝える。1980年代。[Suzette Nelson]

土地返還を求める活動家

ロナルド T. ラグァニャ
(Ronald T. Laguaña)

戦争の時代

　祖父は牛を飼い、ふたつの農場を持っていました。戦争中、ひとつは日本人用、ひとつは自分たち家族用としていました。日本人は自分たちで食料を十分に調達できなかったので、チャモロの人々の畑をあてにしていたのです。1944年、アメリカが再上陸すると、日本兵はジャングルに隠れました。祖父は日本人を捕らえる手伝いをしました（▶24）。アメリカ軍は日本兵を捕らえるためにチャモロを雇ったのです。日本兵をたくさん捕らえてアメリカ軍から賃金を得て、祖母は壺にお金をためていたそうです。しかし祖父は日本軍支配の時から重労働をして肺炎で亡くなってしまいました。アメリカ兵は祖父が亡くなって悲しんだそうです。

　アメリカは日本軍を掃討するために、10日間グアム全土を爆撃し続け、多くの日本人兵士が死にました。日本軍はチャモロ人を5ヵ所の強制収容所に集めていました（▶26, 72）。アメリカは強制収容所を爆撃しなかったので、結果的にそこにいた多くのチャモロは命を落とすことはありませんでした。しかし、日本軍によって殺害されたチャモロもたくさんいました（▶29）。

　母は、日本統治時代はチャモロ語を禁止され日本語

教育（▶ 22, 24）を受け、日本語を覚えました。戦後、アメリカはチャモロ語の使用を禁止し、英語中心主義を押し進めました（▶ 54）。言語だけでなく、白（人）がよい、茶色はだめという価値が植え付けられ、精神的にこのことが刻み込まれたのです。私の両親は学校で母語を話すと、罰金を払わされたり長い時間本を頭上に持って立たされたりするといった教育環境の中で育ったのです（▶ 54, 55）。

　これらはグアムの戦後コロニアリズムのほんの一例です。私が大人になって公立学校のチャモロ学習の指導者となり、公の場でチャモロ語でスピーチをするようになったことを両親は心から喜び、誇りに思ってくれていました。

チャモロ語の獲得とチャモロとしてのアイデンティティ

　両親はいつも私たち子どもに、チャモロ語で話しかけてくれていたのをよく覚えています。両親は私たちに英語とチャモロ語の両方で話しました。私は9人の兄弟姉妹の末っ子です。下から4人の兄弟姉妹は、学校や遊びの中でチャモロ語が主流だった社会環境で育った5人の年上の兄弟姉妹のようには、チャモロ語を話せませんでした。下の4人はチャモロ語を理解していましたが、日常生活の中で両親にチャモロ語で話すことはありませんでしたし、両親もチャモロ語で返答するよう無理強いすることもありませんでした。このようなコミュニケーション方法は、私たちにとっていつの日かとても重要なことになると誰も考えたこともなかったのです。

　母が亡くなる4年ほど前になって、年下の兄弟姉妹がチャモロ語を使うことの大切さに気づき、私たちは

互いに母語で交流し会話をするようになりました。下の姉妹は、なめらかなチャモロ語のイントネーションに欠けた英語風のアクセントでしたが、チャモロ語で互いに会話をしました。

　すでに両親とも亡くなりましたが、私たちは何とか母語を維持しています。これは驚くべきことです。そして、先祖の言葉が生き残り続け、今日、チャモロ語が私たちにアイデンティティと威厳をもたらしているのです。

　自分がチャモロとしてのアイデンティティを確立した背景は、グアム大学で合衆国史を主専攻としながら自分のアイデンティティを模索するようになったことです。合衆国とチャモロの歴史を学ぶ中で、自分の文化について自分の言葉で話せるようになりたいと思い、チャモロ語を本格的に学び始め、副専攻にバイリンガル教育を選んだのです。現在私の主言語はチャモロ語です。

　卒業後10年間は教師として教壇にたち、世界史とチャモロ語を教えていました。そのかたわらでチャモロ文化研究を深め、歴史文化を中心とする州政府観光局専門ガイドとして要人ゲストが来た時には特別ガイドも依頼されるようにもなりました。私は今、チャモロ文化のカヌーの復興運動（▶68）や米軍基地反対運動、チャモロ漁業権維持運動などの先住民自決のための活動家としても行動しています。チャモロ文化とチャモロの権利を守るために、仲間とさまざまな活動に取り組んでいます。

次世代の育成

　今日、次世代がチャモロ語で会話をする能力を持っ

チャモロ語教育現場に足繁く通い、教師への指導・支援だけでなく、子どもたちにも積極的にかかわり教育活動に参加する。

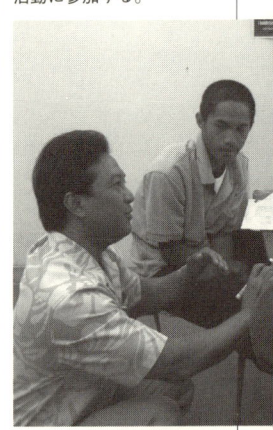

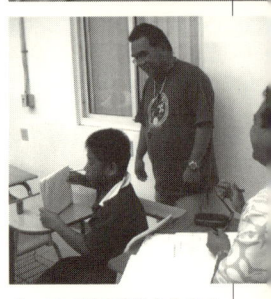

チャモロ語の授業を見て回り授業の質向上に取り組む。

ていないということに向き合うべく、私は自分の子どもにチャモロ語で話すことを課しています。日常生活すべてが英語であるので、彼らにとってフラストレーションが起こり、帰宅して父親とチャモロ語で話します。ハワイ大学マノア校3年生になった長男は、ハワイ大学マリアナ諸島チャモロクラブを最近組織しました。彼はチャモロ語を話す父親とチャモロ語で話すように、母親とは英語で話すように育てました。このようなしつけは、彼がチャモロ語と英語の両方の言語で会話をすることを可能にしました。多少の困難はあったものの根気強く続けたことによって、祖先から引き継いだ言語と遺産を維持することができました。今日、私から日常生活において少しずつ学ぶことによって、子どもが母語を保持する大人に育ちつつあることを誇りに思います。父親である私は、いつか彼らがチャモロ語の獲得に本格的に取り組むことを夢見て、読み書きや会話の力が今よりももっと進歩することを願っています。

　1975年に法律によってチャモロ語使用が認められ、チャモロ語の教育が可能になり、言語が消滅することを防ぐことができました（▶55）。若い世代が誇りをもってチャモロとして生きることを嬉しく思います。文化的なパフォーマンス、ビジュアルな芸術、料理、その他チャモロ文化の要素をもつ伝統的芸術活動は活発になり、高い人気があります。私はグアムの将来と、文化実践と伝統を維持するために努力するチャモロの人々の姿を予見しています。私たちは自身のホームランドにおいてますますマイノリティ化していくでしょう（▶33）。

　「先祖からの言葉を話しましょう。それは神があな

たに与えた権利です。神はそれぞれを見分け、多文化主義のこの世界において、神は私たちがそれぞれの人々やすべての人を認識するように創造したのです」

これが、世界のすべての先住民族への私からのメッセージです。

数年前にオレゴン州ポートランドで開催された公平（Equity）のための教育に関する会議で出会った友人、J. ピンガヤク*（J. Pingayak）氏の言葉を紹介しましょう。

「どんな社会でも要となるものは文化です。それは文化的な信条と価値観を通して行動を決定づけ、また、人々の生活を支配します。どんな文化も基礎となるものは言語であり、社会の結束であるコミュニケーションの手段であり、社会の要なのです。言語は社会をひとつに形成し束ねるものです。先住民の母語で語られたものはスピリチュアルな物事を伝えます。父母、祖父母は、子どもたちと土地、その人々をつなぐ物語を語り、子どもたちは重要さ、正しいことや間違ったことを学びます。価値と信条は言語を通して学習され、言語は家庭で学ぶ個人的アイデンティティの感性を不滅のものとするでしょう」

*ピンガヤク氏はアラスカのチバック村で、先住民文化遺産プログラムを推進している。

土地はだれのものか

現在、たくさんの日本人がグアムにやってきます。日本の人々にわかってほしいことは、「わたしたちチャモロは今日生き続けています。戦争時に日本軍がしたことは許しますが、決して忘れはしない」ということです。今の時点ではグアムで戦争は起こっていません。でも地球上の他の場所では戦争が起こっています。グアムに米軍の基地がある限り、グアムはいつで

も標的になる可能性があるのです。沖縄も同じです。土地は誰のものでしょうか。米軍のものでしょうか。

　私たちは祖先から受け継いできた私たちのホームランドに関して交渉する権利もないのです。私の祖父の土地は戦後米軍に取り上げられ、現在グアム空港になってしまいました（▶ 36, 42）。今では私は空港を利用するのに駐車料金すら払わなければなりません。増加する軍事流入は、4000年にわたってマリアナ諸島を自由に歩いてきた人々を追いやるでしょう。次世代のチャモロの人々が、占領された先祖の土地で先住民チャモロの権利のために闘うことを誇りに思い、チャモロの権利を維持するために私が闘ってきたように努力することを祈るばかりです。私はグアムが自決権をもって存在できるように、これからも活動していきます。

日系のホテルが拡張工事をする際に古代チャモロ人の人骨が発見され、先祖の霊をなぐさめるための祈りをRudy Villaverde氏と共に捧げた。

現代のアイデンティティ教育を支える教師

クリストファー N. カンダソ さん
（Christopher N. Candaso）

なぜチャモロ語の教師になったのか

　私は1970年に生まれました。大学で1年間、日本語を学んだことがあります。カタカナを少し覚えています。私は17年間チャモロ語の教師をしていました。

　高校卒業する18歳の時、自己を見つめてチャモロのアイデンティティを強く感じるようになりました。そこで大学1年でチャモロ語を専攻していましたが、グアム公立学校システムのチャモロ学習局が開くワークショップに参加して、チャモロ語の教授法について学ぶことが、スポンジが水を吸うように身に付き、教育のアイデアがどんどん生まれるのを感じたのです。実践的に学ぶことに魅かれ、そのままチャモロ学習局に育てられてチャモロ語教師になりました。

　チャモロ語を専門に勉強することに初め両親は反対していました。とくに父親はチャモロ語を私が話すことをいやがったのです。父はチャモロ語を主言語にしても、アメリカ式生活様式が普及す

仕事場にはいくつものチャモロ語教材用ポスターが並ぶ。オフィスで教材作成やチャモロ語教師の指導・支援をしている。人手が足りない時には教壇にもたつ。

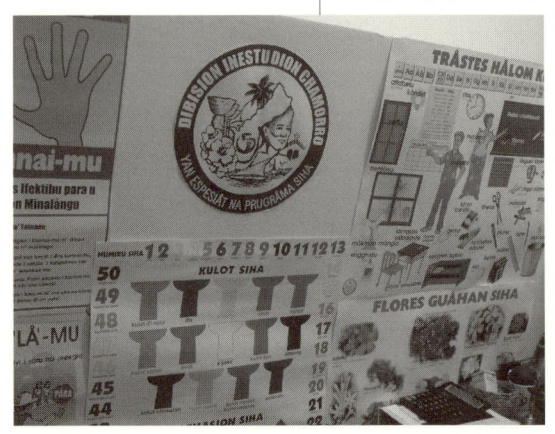

る中ではよい職につけない（▶34）ことを指摘しました。実は、反対した理由はそれだけではないのです。父は今76歳ですが、父自身が思春期の多感なころにチャモロ語をしゃべることを禁止されていて、学校でうっかりチャモロ語が口から出ると先生に手を叩かれたり怒られたり罰をうけたりした記憶（▶49）が鮮明に残っているのです。アメリカも日本もグアムを支配下に置いた時はチャモロ語を禁止しましたし、戦後もしばらくはそういった雰囲気が続きました。

1980年代、私立学校ではまだチャモロ語を使用することは禁止されていました。私も私立学校に通っていたので、チャモロ語が口から出た時には、怒られたり耳をはじかれたりしたことを覚えています。私の第一言語はチャモロ語です。英語よりも自分を楽に表現できます。両親がチャモロ語を習得することに否定的だったので、私は祖母に多くを習いました。

法律によってチャモロ語が公用語となり、チャモロ語教育が認められたこともあって1990年代になるとそういったことはなくなり、今では自由に学び、話すことができます。私は1993年にラグァニャ氏に出会って、チャモロ語教育に目覚めました。これから10年後、20年後には新しい世代が育ちます。この世代は学校教育でチャモロ語を胸をはって学んできた世代です。だから今よりもチャモロ語の状況は良くなるはずです。

チャモロ語にはスペイン語の影響が強く出ています（▶13, 86）。チャモロ人はチャモロの言語や文化を大事にしようと思っていますが、長い時間をかけてすでに生活習慣、文化様式に溶けこんでしまっているスペイン文化の影響はとめられません。それにスペイン語

の影響をあまり受けていない古いチャモロ語を話せる人は、ほんのわずかなのです。そういった人々がこの世を去る前に、私たちは古いチャモロ語を学んで伝えなければならなくて、今は頑張り時だと思います。

　私はチャモロ語を子どもたちに楽しく学んでほしいと思います。強制的に繰り返させて覚えるような教材ではなく、ほめながら一緒に楽しく活動をしながら授業を展開することが好きです。子どもたちがチャモロ語を話すことを好きになることが大事です。

日本軍占領について

　日本軍占領期は、チャモロの人々にとって辛いことであったことは間違いありませんが、私自身について言えば率直に言ってあまり気にしていません。私自身も周りの人から日本人についてのいやな言葉は聞いたことはありませんよ。

　祖母は当時のことを自ら語ることはまったくありませんが、あえてそのことを聞いてみたことがあります。アメリカ軍の統治よりも日本軍占領の方がよかったこともあったと言いました。祖母は日本人を嫌ったことはないけれど、戦争時のことを語る時はいつも泣いていました。脳裏に爆撃の音、戦闘機の姿、兵士のいる風景が浮かび、暗闇を走って隠れて逃げ続けたことを思い出してしまうらしいのです。

　若い世代が戦争の責任を負うことはないと思います。けれど過去の出来事をふまえて平和を構築することを忘れてはいけません。これが私の考えです。

　　　　　　　　（チャモロ学習局にてインタビュー）

先祖への敬意をこめる彫刻家

グレッグ T. パンゲリナン さん
（Greg T. Pangelinan）

工房にて作品をつくるパンゲリナン氏。細かい削りの作業をていねいに行い、美しい作品を仕上げる。工具は島外からの特注品。鍛冶の技術も身につけ、ナイフなどもつくる。

ラッテストーンはチャモロ人の象徴

　地元生まれの60歳です。私がカービングを始めたのは16歳の時です。毎週末、土地のことに興味をもって浜辺を歩き、色々な木切れを見ているうちに、何か作りたくなって最初は木で作品をつくっていたのです。常に先祖が大事にしてきた自然の豊かさを感じています。32年間、グアム政府の環境庁で働き、退職してから本格的に作品を作るようになりました。誰に技術を学んだのか聞かれることがありますが、誰に習った訳ではなく「ナチュラル・カービスト」とでも言いましょうか、自分で工夫してきました。電動研磨機を使っていますが、鍛冶屋の作業もできます。自分でナイフも作りますよ。

　骨細工や貝細工に興味が出てきて、1989年に骨細工を始め、1990年に貝細工を始めました。ある晩のことです。フィッシュフック（釣り針）の新しいデザインをひらめきました。フィッシュフックの真ん中に、古代チャモロ人時代から引き継いできた私たちチャモロの財産であり、シンボルであるラッテストーン（▶67）をデザインしてみようと思いました。ラッテストーンやそれがある場所を私たちの文化遺産として守らなければなりません。土地開発が進む中で気に

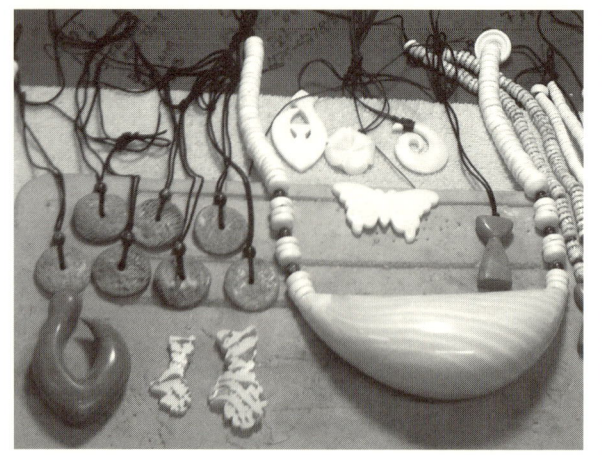

パンゲリナン氏によって天然の素材から作り出された美しい作品。だいだい色のスポンドゥルス貝のペンダント、貝や大型魚の骨から製作したフィッシュフックなど。大きい作品がシナヒ。

なっていたのです。

文化遺産としての価値

　三日月型の首飾りはシナヒと言い、約4200年前の化石化したヒマ（Hima　オオシャコ貝）で作っています。昔は身分の高い男性が身につけていました。重いので身体がしっかりしていなければ長時間つけていられませんよ。このオレンジ色の貝はスポンドゥルス貝といって、昔のチャモロ人社会では貨幣の役目をしていた他、丸く整えたスポンドゥルス貝を連ねて首飾りにしたり、肩から下げたりして、社会的地位を示す役割もありました。この貝を見つけるのは簡単ではありません。私は電動研磨機をつかってこの丸いひとつを作るのに10分弱かかります。ですから、長くて立派な首飾りなどは手間もかかって価値がある事がよくわかります。

　このように貝細工は、私たちチャモロ人の文化的価値をもつ文化遺産なのです。日本からの観光客が「まけてくれ」と言ってかなり値切ろうとすることがよく

スポンドゥルス（Spondolus）貝の装飾品。

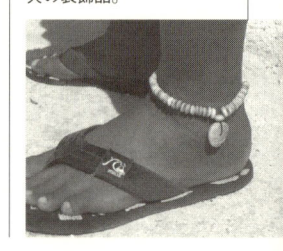

あります。いかに安く買うかを考えて、文化的価値を考えようとしないことがあるのです。日本の盆栽が高いのと同じです。昔の武士が身に付けていた装飾品など価値がはかれないものもあるでしょう。値段がつかない価値というものがあるのです。ある日本人の女性がこの価値を理解してくれて、私の作品を買ってくれました。嬉しく思いました。売り上げのほとんどを私は病院などに寄付しています。商売ではなく趣味でやっているのでね。

　両親は第二次世界大戦を経験しました。日本占領時代、母は何か罰せられたことがあると言っていました。日本軍への料理人として奉仕させられていたようです。姉も何か覚えているようです。今、日本人がたくさんグアムに来ています。今は今の時代なので戦争のことを問題にしようとは思いませんが、私たちの文化をもっと学んでほしいと思います。

ゆっくりと、でも確かに

　イパオ公園に、ラッテストーンを石柱にした家「グマ・ラッテ」を造るプロジェクトが計画されています。先祖にならい、心をこめて造ります。文化を学ぶこと、文化を引き継ぐこと、互いを理解することは、"Slowly but Surely"「ゆっくりと、でも確かに」です。私の工房 Chamorro Crafters では15人の生徒がいます。いろいろな年齢層の人が学びにきていますが、皆自然を大切にし、文化遺産を大事にしようとする人々です。日本でも同じでしょう？

（工房にてインタビュー）

III　チャモロのメモリー

ハガッニャの街並（戦前）[グアム博物館]

アウトリガーカヌーに乗って漁をする［グアム博物館］

チャモロの人々に伝わる神話・伝説

　トゥレティ（Tuleti、最も速いカヌーの意）（▶91）という曲目のチャモロダンスがある。学校のチャモロ学習（▶80）の時間に子どもたちが習う代表的なもので、この舞踊の振り付けには意味がある。基本的なステップに、小さくステップを踏んで左右に移動するヒナナオ（hinanao）と、ステップを踏みながら回転するリナラ（linala）があり、ヒナナオは左右に歩いて移動することで「旅をする」を意味し、リナラは回転によって「命の輪」（circle of life）を意味するのである。このステップに、「波」「輪」「鳥」「漕ぐ」などを意味する手の振り付けが加わって、「天へ飛ぶ鳥のように。楽園である海と土地。Puntan（プンタン）と Fu'una（フウナ）が私たちを導く。あなたを讃え、祝福あれ。そして私たちはカヌーを漕ぐことができる。兄弟姉妹よ、来なさい。そして先祖を敬いなさい」という物語が紡ぎだされる。ここに、チャモロの創世神話を読み取ることができる。Puntan と Fu'una が創った島グアムに、「カヌーにのる人が生まれる」のである。
　ポリネシアの創世神話もカヌーとの関わりが深い。ハワイの火の神ペレですら、最初にカヌーにのって島にたどり着き、上陸の際に邪魔した植物パンダナスに腹を立ててひきちぎってまき散らしたことから、ハワイ中にパンダナスが植生したという神話がある。ミクロネシア、ポリネシア、メラネシアでは、パンダナスはカヌーの帆やロープの素材となることから、この植

妹 fu'una に力与え、自分の身体を使って世界を創造することを託す Puntan（*Legends of Guam*, 1986 より）。
フウナはプンタンの身体を使って世界を創造した。目は月と太陽になり、眉毛は色鮮やかな虹になり、胸は空になり、背中はグアムの島になった。そして、グアムの赤土と海水を混ぜて大きな岩や小石をつくり島にまくと、そこからグアムの人々が現れた。

物はカヌー文化をもつ地域では神話や伝説によく登場する。

　グアムの伝説においても、パンダナスが登場する。人々が自然の恵みに感謝することを忘れ、自然の生命を大切にしなくなったことに自然の精霊が怒り、人々への恵みがなくなり、グアムが飢餓状態に陥ってしまった。人々は恵みの偉大さに気づいたが何も得るものはなく、そんな時に島を食べてしまう巨大魚が現れた。男たちは海に出てカヌーに乗って格闘するが手に負えず、女たちはパンダナスでひたすら長い紐を編み、祈った。パンダナスを編むという行為と女性の祈り、機転が最終的に人々を救うという物語である。

　土地には必ずその土地の神話や伝説がある。勇壮なイナラハンのチーフ「ガダオ」の伝説（▶13）はグアムで有名である。タモンのチーフ、マタクアナがガダオに挑みにイナラハンにやってきたとき、ガダオの居場所を聞く彼に対して、自分がガダオであることを告げず、腹を空かせている彼に飲み物を差し出すために、固いココナツの実を手で握りつぶすようにして割って差し出した。タモンのチーフは、この村人がこのように強いならばガダオはかなり強いに違いないと怖じけづいて帰ることにした。ガダオは彼をカヌーに乗せて沖に出た。タモンがある北に漕ぐタモンのチーフと、

イナラハンの幹線道路沿いにあるガダオ伝説の像。チャモロの伝説に登場するチーフや戦士の中でもガダオの勇壮さに憧れる少年も多く、人気が高い。

その逆の南に漕ぐガダオ、二人の勇壮な男が逆方向にカヌーを漕いだ結果、カヌーはふたつに裂けてしまった。

　ガダオはチーフとしての立場をもつ伝説の人物であるが、グアムにはタオタオモナと呼ばれる先祖の霊が語り継がれている。タオタオとは「人」のことで、モナとは「以前の」という意味である。文化人類学者トンプソンによる戦前の研究調査では、タオタオモナは超人的な力を持ち、それぞれの地区の勇壮な人物の霊であることが多く、頭がないものもいる、女性の場合は髪が地面につくほど長い、乳幼児を嫌う、漁がうまい、といった項目が報告され*、恐ろしく避けるべきものという認識が人々にあったようだ。現在では、「ジャングルに入るときは先祖の霊を敬い、騒いではいけない」「人の土地やジャングルに入る時には許可を得なければならない」などの、年長者の教えを守らないといった過ちを犯す者や横柄な態度の者に、タオタオモナが怒り天罰が下る、というような教えのように用いられる場合もある。

　ある一家では、「母が風呂場で転倒して怪我をしたのはタオタオモナに後ろから押されたから。親戚の肌に謎の打身や赤い痕が出るのはタオタオモナの好意のサイン。チュ叔父さんは若い頃からタオタオモナと話をすることができ、道を通る許しを得たりその姿を見たりすることができる。ぼくが子どもの頃、夜道にメリッソの鐘のあたりでタオタオモナが立ちふさがり、ものすごく高く大きく見上げていた」と話題がつきないそうだ。

（中山京子）

*中島洋（2003）128 頁に詳しい。

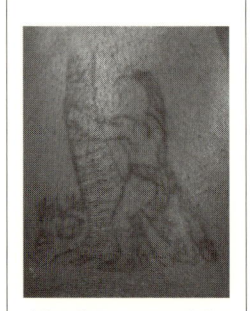

青年の腕のタトゥにデザインされたタオタオモナ。タオタオモナの教えを守るために自分でデザインしたという。

巨大リゾートホテル群の下に眠る遺跡

　美しい海を前に巨大なリゾートホテルが立ち並ぶタモン地区。ホテルの中に足を踏み入れると、エアコンがよくきいた美しいインテリアのロビーが広がり、日本語が充実したラウンジ、ショップ、観光業者デスクが並ぶ。ホテルロードとよばれる道を挟んで大型ショッピングゾーンが広がる。送迎から買い物まですべてが日本語でサポートされている。

　タモン湾におけるホテルの歴史は、1968年のフジタタモンビーチホテルの開業にさかのぼる。その後、東急ホテル、第一ホテル、ヒルトンホテル、ホテルオークラと大型ホテルの開業が続いた。

　このタモン湾エリアはホテルが立ち並ぶ以前は、椰子が生い茂るジャングルで、現在のホテルロードは細い砂利道で野生の猪がよく出没したという。それがあっという間に、巨大なリゾートエリアに変わってしまって、その変わり様は誰も想像ができなかったと地元のチャモロの人々は言う。

　そのジャングルの中には、古代チャモロ人の墓やラッテストーンがある遺跡があった。ラッテストーン（▶13）は、墓地や祭祀場などつくられた目的には諸説あったが、家屋の石柱であったことが明らかにされてきた。開発によってそれら貴重な遺跡がリゾート施設建物の下に今でも眠っている。

　フィエスタ・リゾートホテル（旧第一ホテル）駐車場わきにラッテストーンをかたどった白いメモリア

フィエスタリゾートホテル駐車場わきにある、ラッテストーンを型どった白く美しいメモリアル。大型のバスはホテル入り口に横付けされ、このメモリアルに足をとめる人は残念なことにほとんどいない。

ルがある。そこには、200年から800年頃の先ラッテ期の遺跡と、1000年から1521年のラッテ期の遺跡があったこと、タモン湾一帯が古代チャモロ人の居住の地であったこと、先祖に敬意を払うことがチャモロ人の立場から示されている。ホテル改装中に発掘された88人の古代チャモロ人の遺骨が2009年1月にこのメモリアルに納骨された。納骨の儀式では、先祖への敬意と墓地を荒らしてしまったことへの許しを乞う祈りが、チャモロ語で語られた。儀式にはチャモロ文化継承者や子どもたちが参加した。こういったことに関する日本語の解説はなく、ホテルに滞在する日本人がこのメモリアルを意識することはほとんどない。ホテルのホームページやパンフレットなどで紹介されることを期待したい。

　アウトリガー・ホテルのプールサイドにも古い遺跡がある。説明書きは何もなく、ひっそりと木立の中に崩れているラッテストーンがある。従業員に聞くと、日本人従業員もフィリピン人従業員も、ホテル内にある遺跡の存在自体に気づいていなかったり、レプリカしかないと言ったりする。遺跡について説明できる人はいないか尋ねると、昔のチャモロ人はみな死んだか

アウトリガーホテルのプールサイドにあるラッテストーン遺跡。奥には立派なラッテストーンのレプリカが置かれ、人々は立派なレプリカを背に記念撮影をすることが多いようだ。

ら解説できる人はこの世にいない、と冗談すら出てくる。しかし、こうした貴重な遺跡の真横のプールで泳ぐことができるという魅力的な環境は他にはないだろう。

　ホテル・ニッコー・グアムでは自然散策道として整備してパンフレットを作成し、敷地内にあるラッテストーンやチャモロ人が生活していたと推測される洞窟を公開している。ここに並ぶラッテストーンは、ホテル付近に繁栄していたゴクニャ（Gokña）集落（9〜17世紀）と古代チャモロ人のメモリアルとして、敷地内の他の場所から移動したものである。洞窟の中に入ることはできないが、海に繋がっていると考えられているこの洞窟には涼しい風が吹き、戦時中は日本軍も使用していた。しかし、ホテル敷地内であることやホテルがタモン湾最北部に位置していることから、ここを訪れる観光客は多くない。静かで素敵な空間である。

　日本人観光客がホテルエリアの遺跡やメモリアルに足を止める姿が見られるようになることを期待したい。

（中山京子）

移動保存されているホテル・ニッコー・グアム内のラッテストーン。タモン湾の喧噪を離れたたずむ。背景のホテル群と対照的な風景である。

チャモロの夢をのせて航海するサイナ号

　1960年代の公民権運動に端を発したアメリカ本土の先住民運動に呼応して、ハワイやオセアニアの太平洋諸島にも先住民運動がひろがっていった。政治運動とは別に、ハワイ先住民の文化再生プロジェクトのひとつ、カヌー「ホクレア号」の伝統技術を用いた航海の成功は、ポリネシアの人々や太平洋諸島の人々に大きな影響を与えた。ポリネシアに始まったカヌールネサンスは、ホクレア号の活動を筆頭に広がり、チャモロの文化復興にも影響を与えた。かつてグアムを支配したスペイン人は、彼らのカヌーを「フライング・プロア」（飛ぶようなカヌー）（▶13）と呼んでいた。しかし、スペイン統治時代にカヌー建造や航海が禁じられ、その文化を失ってしまった（▶74）。

　NPO団体であるTASI（Traditions About Seafaring Islands）は、チャモロの伝統カヌー復活のプロジェクト「サクマンチャモロ」（Sakman Chamorro）を推進

サイナ号 SAINA の建造にチャモロ文化やカヌーを愛する大人から子どもまで多くの人がかかわった。パセオ公園カヌーハウにて。
[Photo courtesy of TASI]

している。サクマンとはチャモロ語で大型カヌーを意味する。TASI は 2007 年の 10 月から「サイナ号」（SAINA ＝ 先祖、先達を敬う）を彫り始め、2008 年 7 月に進水し、航海練習を始めた。ホクレア号と同じように、現代でもカヌーの伝統文化をわずかながら残しているミクロネシアの島々から、カヌー建造と、星と月と海流などを手がかりに航海を行うスター・ナビゲーション航海術を学んだ。ミクロネシア連邦チューク諸島近くのプルワット島出身、グアム在住のマニー・シカウ（Manny Shikau）氏を航海士として取り組んできた。チャモロのナビゲーション術は失われてしまったが、シカウ氏が伝えたカロリニアンの航海術は類似している。カヌーの建造においても、現代の電動工具はできるだけ使用せず、工具も伝統的なものを作成し、使用した。

　TASI には 20 人ほどの活動メンバーがいて、平日夜と週末に活動を進めている。メンバーの一人、デイヴィッド・ラグァニャ（David Laguaña）氏は、昼間は米軍基地内で働き、平日の勤務後の 1 ～ 2 時間と週末に建造や修復の活動に取り組んでいる。

　TASI が造る船はチャモロのカヌーに伝統的な赤・白・黒を基調とし、サイナ号の他、これまでに小型カヌーのゲフタオ号（Geftao ＝ 寛大な、物惜しみしない）やネニ（Nene ＝ 赤ちゃん）など 2009 年 2 月現在六つのカヌーを保有している。これらの小型カヌーは、学校への出張授業やタモン湾ホテル群やショッピングセンターで行われるセレモニーなどに登場するこ

ロタ島への航海。航海中はパシフィック・デイリー・ニュースなど地元メディアで連日状況が伝えられた。
[Photo courtesy of TASI]

ともある。

　2009年5月21日は、8人の乗組員を乗せたサイナ号がロタ島への往復航海に挑んだ記念すべき日となった。カヌーが近隣の島まで航海を行った記録が残っているのは1700年代で、サイナ号は約300年ぶりであった。出航の前夜、航海の無事を祈ってデイヴィッドは、ココナツ油と雨水、炭、石灰、土、ヤシの葉を混ぜたものをカヌーに薄く塗った。航海は風や潮の流れに苦戦して予定よりも時間がかかったが、これは、現代の便利な移動手段が当たり前になっている現代人の感覚なのであろう。

　ロタ島（▶83）から戻ってきたサイナ号は、航海成功を祝う多くの地元住民、支援者、家族、友人に迎えられ、喜びを分かち合った。2009年7月21日の解放記念日には、乗組員らTASIがパレードの先頭を歩いた。サイナ号航海成功のニュースやTASIの活動は、チャモロの人々へのアイデンティティ覚醒への貢献だけでなく、植民地支配を受け続けて失った文化を取り戻すことへの挑戦であり、グアム在住のチャモロ以外の人々へのメッセージの発信でもある。TASIのあるメンバーは、まだこの航海成功がもたらした衝撃に人々が十分に気づいていないと指摘している。TASIはチャモロの伝統的文化を継承する次世代の育成にむけて、学校からの見学受け入れや出張授業などにも積極的に取り組んでいる。1週間をかけてロタ島への往復航海を成功させたロン・アファジ（Ron Acfalle）氏（▶88）は「この活動を通して私たちは多くを教わり、学び続け、子ども世代、孫世代まで伝え続けたい」と語った。

（中山京子）

ロタ航海を終えてグアムに戻ってきたサイナ号を出迎える。
[photo courtesy of TASI]

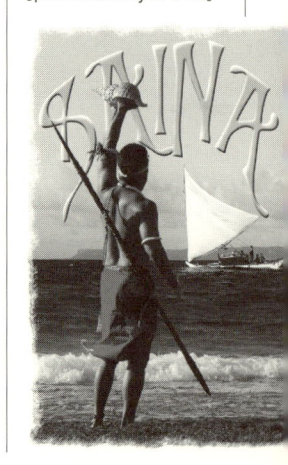

野外博物館
イナラハンの美しい文化村

　1991年にイナラハンに開園したゲフパゴ・チャモロ文化村（Gef Pa'go Chamorro Cultural Village）では、チャモロの人々の少し前までの生活を経験できる。ゲフパゴとは「美しい」を意味する。

　創設を指揮し、文化村を運営するNGOの代表であるジュディ・フローレス（Judy Flores）氏は、イナラハンで育った白人女性である。チャモロ語（▶86）が生活言語であったイナラハンで、幼少期に自然にチャモロ語を獲得し、チャモロ文化が自文化ともいえる。高校に進学して他の地区の生徒と一緒になり、英語中心の学校生活の中でもイナラハンの仲間とチャモロ語を話すグループにいたという。彼女はバティックの作品やグアムを描いた絵画を生み出す芸術家でもあり、グアムの観光産業についての見識も高い。

　文化村にはココナツの葉で屋根を葺いたチャモロの

ゲフパゴ文化村内に復元されている昔のチャモロの家屋。昔ながらの炊事場をもつ家屋では塩づくりなどの実演が行われている。

昔の家屋が美しく並び、昔ながらの生活様式を見学することができるだけでなく、塩づくりやチャモロ料理、ココナツ葉編みなどの各種の体験活動が用意されている。

ここでは、観光客にチャモロ文化を理解してもらうだけでなく、地元にわずかながらも雇用を生み出し、かかわる村人たちの居場所を提供し、村の人々が継承してきた文化的遺産を守ることもミッションとなっている。ココナツ葉編みを指導する高齢の女性は、小さな握りこぶしほどの大きさのライスボックスをつくり、それに米を入れて調理するカトゥパット（Katupat）も教える。幼少期のカトゥパットの思い出を語りながら、戦時中の生活を教えてくれる。稲作については、タモン湾の遺跡から土器片に稲が混じっているのが発見された。これらは日常食ではなく、身分の高い人物が食したり、供え物に使われたりしたとされている。本格的に稲作が導入されたのは日本軍占領時代である（▶ 22, 23）。彼らは米を用いたチャモロ料理を創り出し、現在に伝えている。つまり、文化村での活動は、昔のチャモロ人の生活の再現だけではなく、生きた文化の伝達の場ともなっているのである。

海に面した文化村の向かいに広がる山側の集落は、1900年代初頭の姿を残している貴重な歴史的地区となっている。米軍による2週間にわたる総攻撃によって（▶ 48）、グアム全土の街や集落が破壊されてしまったが、ここに残る集落は貴重な姿をとどめてい

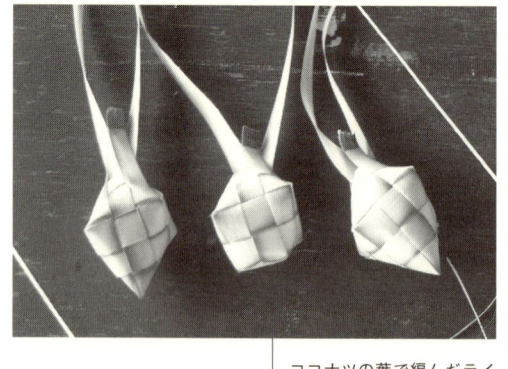

ココナツの葉で編んだライスボックス。この中に米を入れてそのまま茹で、また調理後はそのまま持ち運ぶこともできる。現在は炊飯器調理だが、高齢者はたまに自宅鍋で作ってみることもあるという。

ガダオが住んでいたと言われる洞窟にのこる壁画。描かれた絵の解読には諸説がある。この絵は多くの土産物に利用されている。

文化村においてパウリノ氏の指導のもとに作成したカヌー模型。作業を通して理解が深まる。

る。家主が村を離れたり、すでに手放されて廃屋となったりしている家もあるが、チャモロ式の高床住宅やスペイン、アメリカの影響をあわせもった家屋が並ぶ。集落の西側にはアメリカ海軍が学校として建設し、日本占領時代には日本語教育が行われた学校兼公共施設跡や、米兵トゥィード通信兵の潜伏に協力したという理由で日本軍に処刑されたデュエナス神父が眠る聖ヨセフ教会（▶14）がある。

　文化村の近くには、3000年以上前に描かれたピクトグラフが残っている。そこはガダオの洞窟と呼ばれ、イナラハンのチーフであり、グアムの英雄であるガダオが住んでいたという。ガダオの伝説を表現した像（▶63）が文化村の横にある。文化村には、その伝説や洞窟周辺の海に詳しい村人が集い、訪問者に解説をしてくれる。

　文化村を中心に、人々が生活をしている集落、歴史的施設、洞窟など、古代から現代までの歴史や文化を語りかける空間が広がり、野外博物館としての魅力がつまっている。時間に追われている日本人観光客は20分程度の文化村滞在がほとんどであるが、フローレス氏を始め文化村の人々は時間をかけて文化村で過ごし理解を深めてほしいと願っている。文化的体験学習だけでなく、日本語学校で学んだ日本の歌を口ずさむスタッフ、祖父母から聞いている日本軍占領時代の記憶を語るスタッフから学ぶことは多い。

（中山京子）

チャモロの食文化とその変容

　古代チャモロ時代、人々は主に、海や川からの自然の恵みによって生きていた。海沿いに住んでいたチャモロの人々は数日から数週間かけて、プロアとよばれるカヌー（▶ 13, 68）で広大な海洋を航海した。主な獲物は、バショウカジキ、キハダマグロ、カマスサワラ、カツオに加えて、カジキマグロ（Båtto）のような外洋魚や、シイラのような深海魚であった。しかし、300年以上にわたって続いたスペインによる侵略によって素晴らしいカヌー文化は破壊され、海の水先案内人でもあった海洋戦士が殺されてしまった結果、魚に関する先祖古来のチャモロ語は消滅してしまった。スペインはマリアナ諸島を支配するため、チャモロの人々が何千年にもわたって実践してきた伝統的な方法で漁や航海をすることを禁止したのである（▶ 68）。

　釣り上げた大型の外洋魚や深海魚は、よその村の一族との間で、共同社会の調和や尊敬を教え伝えていた村の指導者たちやその一族の間で分けられた。海沿いの一族は、淡水エビ（uhang）、うなぎ（asuli）、川魚として名高いブラックバスやティラピアなどを獲る川沿いの一族と交換をしていた。このような水産物は、一般的に屋外かまど（ma tunu）で調理されたり、生（ma fåla'）で食べられたりするほか、冷蔵庫がないため長期保存用に薫製や塩漬け（ma åsne）、日干し（ma tåla'）にされたりした。しかし、水産物は通常は分配され、その日に必要な分だけ消費され、と

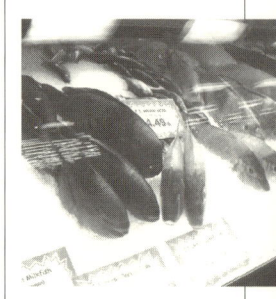

スーパーには鮮やかな魚が豊富に並ぶ。週末のビーチサイドでは、釣った魚をバーベキューで楽しむ人々も多い。

りすぎて捨てられることはなかった。今日、水産物は便利な漁法（モーターボートや現代的な漁業設備）で乱獲されるようになってしまった。第二次世界大戦中の日本占領は、生魚を「さしみ」として「わさび醤油」をつけて食べるなど、調理法にも文化的影響をもたらした。

フレッシュレモン、ブレッドフルーツ（lemmai）、スイートポテト（kamuti）、バナナ（aga'）、グリーンバナナ（chotda）、タロ（suni）やその他の根菜食物やヤム（dågu もしくは gaddo'）は、長時間保つエネルギーと栄養摂取のために、炭水化物は彼らの日常食となった。

スペイン占領期は、調理法や味付けなどのチャモロの食文化に変化をもたらした。600〜1000年頃と推定される遺跡から米粒が発見されているが、これは宗教的な目的で使用されたとされ、米はチャモロの人々の間では特別な食べ物であった（▶72）。スペイン人は当初、チャモロの人々が宗教的儀式のために米を栽培することを禁じたが、後には穀物を栽培することを許可した。レッドライス（hineksa' agaga'）と呼ばれる米料理は、グアムがメキシコ貿易の中継地となって補給や貿易が行われた結果、グアムにもたらされたと考えられている。赤い種「アチョーテ」は島内で栽培されてきた。このオレンジ色の風味は、パーティで伝統的もてなしをするフィエスタのお祝いで使用される。スペイン人は水牛（karabao）（▶8）、白尾鹿（binådu）、豚（babui）、鶏（månnok）などを持ち込

ジャングルではあちこちに野生のタロやバナナをみることができる。

み、チャモロの日常食に高動物性タンパク質の調理をもたらした。

　スペイン人の伝統である「フィエスタ」は、1668年にキリスト教の布教によってグアムにもたらされた。宣教師サン=ヴィトレス神父（▶13）はマリアナ諸島に神という言葉を普及させた。そして村の守護神を祝福するために年に一度、村の宴、フィエスタが催されるようになった。現在も続くこの祝福の習慣では、多様で大量の料理を提供することを通して、核家族も大家族も盛り上がる。さまざまな御馳走を準備するために、野生の鹿やイノシシ（babuen halomtåno'）の狩りをし、魚を獲る。エビ（uhang）、魚、チキン、ビーフ（kåtnen guaka）はライム汁と玉葱と唐辛子で味付けられ、「ケラグエン」（kelaguen）（▶79）と呼ばれ、家族や友人、来訪者と味わう。

人々が集まる時には持ち寄りの御馳走が並び、皆で料理や会話を楽しむ。2009年3月、Santa Teresita教会にて。

　このようなフィエスタは通常、各月の第1土曜日夕方か翌日曜日の午後に行われる。村中の家族は毎年この伝統をそれぞれの家で祝うが、訪問者も参加し、と

もに楽しむ。家族、友人、客は、飲み物やデザートや何か食べ物を1〜2品持ち寄って皆で楽しむ。これは「チェンチュリ」（chenchule'）に由来し、恩義や感謝の意を示す行為である。このチェンチュリの習慣は、結婚や葬儀、祈りの儀式などの際に昔から行われてきた。

　予定されているフィエスタのために生肉、新鮮な魚、ソーダの缶ケースなど、多くのチェンチュリが事前に届けられ、フィエスタ当日に家族と訪問したときには、チェンチュリはすでに調理されて並んでいる。

　他のタイプのチェンチュリとして、手助けの習慣や食事の準備の手伝いがある。たとえば、ブタや鶏を絞めたり、日よけを張ったり、テーブルセッティングをしたりといった、フィエスタ当日や前夜にしなくてはならない準備である。パーティの後の片付けや日よけを外したり、椅子や鍋やフライパンなど、借り物をきれいにして返却したりする作業も含まれる。パーティが終わりに近づくと、皆が残りの御馳走を包んで持って帰る。これを「バルタン」（balutan）という。皆が手伝ったりフィエスタに御馳走を持ってきたりする、このプロセス全体がイナファマオレック（inafa' maolek）と呼ばれ、互いに協力して生活し働き、この助け合い「持ちつ持たれつ」はいつか自分のもとにも返ってくる。これは現在も続くコミュニティ支援を示すひとつの方法であり、互いに嘆き悲しむ死を迎えた時まで続く。誰かが亡くなったとき、コミュニティは故人への尊敬を祈りや姿勢で示す。埋葬のために家族を支援するお金はイカ（ika）と伝統的に呼ばれる。

　これらの文化的伝統が、グアムのチャモロは家族愛や友情をとても重要視する人々であると言われる由縁

である。贅沢な物質ではなく、親類や兄弟に囲まれて暮らすことが生きていることであると、祖先や両親が教え伝えてきたことによって、分け合うことや面倒を見合うという考え方が深くチャモロ家族に根付いている。どんな祝いや祈りの席でも、家族や友人、来客に御馳走が振る舞われる。葬儀や亡くなってから九日間続く祈り、守護神への祈りなどは、多くのチャモロ家族の間で祈られ、日常的な宗教的行事である。

今日、天然の甘いものではなく、パイやキャンディやデザートといった非伝統的な食べ物の流入は、現代的な味覚を食卓にもたらしている。スパムやコーンビーフ（låtan kåtne）、スペインソーセージ（chorizos Español）、肉の瓶詰め、ウインナーソーセージなど、簡単に食べることができるようになった。これらは、ナトリウムや塩分を多く含み、今日に至るまで、チャモロの人々の生活に影響を与えてきた。糖尿病や慢性病は、容易に手に入れることができ何ヵ月も保存できるこれらの製品の消費の結果とも言える。日常的な運動に加え、これらの摂取は控えるべきで、今やウオーキングやスポーツや活動よって食習慣をコントロールしなければならない。

チャモロ料理は、チャモロビレッジで毎週水曜日の夜（5時前～10時）に旅行客も味わうことができる。

チャモロビレッジで開催される夜のマーケットでは屋台が並び、チャモロ料理を楽しむことができる。屋台の中には、食べ物だけではなく、伝統装飾品やCDなどの店も並ぶ。

チャモロビレッジは旅行客、家族連れ、仲間同士であふれかえり、音楽やダンスなどのエンターテイメントを楽しみ、郷土のおいしいものを味わい、また、グアム産製品、おみやげ、新鮮なくだものや野菜を手頃な値段で買うことができる。

　左の写真は、レッドライス、焼き鳥、バーベキューリブ、チキン・ケラグエン、シシカバブ、パンシット、揚ルンピア（春巻）が集まった典型的なフィエスタプレートである。その他にも多様なスパイシーなご馳走がある。多くのチャモロの人々は、辛くてスパイシーな食べ物をこよなく愛している。

（ロナルド T. ラグァニャ）

＜チキン・ケラグエンのレシピ＞

① 鶏肉を焼き（炭火焼やバーベキューがよい）、小さく刻む。
② ネギ、タマネギ、唐辛子を刻む。
③ ①と②を混ぜ、ココナツを混ぜ合わせ、塩とレモン汁で味を調える。日本では生のココナツは入手しにくいので、菓子づくり用のドライココナツをココナツミルク（粉末で販売）でもどして使うとよい。
④ トルティーヤで包んで食べると一層おいしい。

チャモロ語が響く公立学校

　1970年にグアムの公立学校で二言語教育が導入された。現在、チャモロ学習を重視し、チャモロ語の授業とチャモロ文化学習を積極的に取り入れている。チャモロ学習では、幼稚園から3年生までは1日20分、4・5年生は1日30分、中学校では45分、高等学校では50分以上を1単位時間として、チャモロ語と文化を学ぶ。すべての高校において、卒業するためにはグアム史と1年間のチャモロ語を履修しなければならない。チャモロ学習および特別プロジェクトの主な目標は、チャモロ語と文化を蘇らせ、維持し、永続させる効果的な言語および文化教育を支援することと、チャモロ語および文化の日常的活用を守り、促進し、実践することにある。

　ある小学校に併設された幼稚園では、小学校のチャモロ語教師と連携して教育活動を行っている。たとえ

幼稚園での3クラス合同で行うチャモロ語の授業。チャモロ語での手遊び歌の風景。教師のリード唱について子どもたちが歌う。

ば、「手を組んで、よく耳を澄ませて聞いて、声を出して学びましょう」といった内容の歌で授業が開始される。次に、古代チャモロ語のリズムをベースにした歌を歌い、「私はどこにいるのか」というチャント（詠唱）を唱える。「手を頭の上にのせる」「耳をさわる」「鼻を押さえる」「髪の毛をむすぶ」「つま先をさわる」といった動作指示にそって動作を学習し、それを『幸せなら手をたたこう』のメロディーにのせて歌遊びを行う。そして、ABCDのアルファベット歌をチャモロ語で歌い、最後に『幸せなら手をたたこう』を歌いながら終わる。授業時間の20分間、主指導者のリード唱はとまる事なく続けられる。子どもたちはとくに指示をうけることもなく、リード唱にのって自然と声を出し、歌い、動作化を行っている。言葉の意味を理解している子どももいれば、教師のジェスチャーに誘われている子もいるようである。

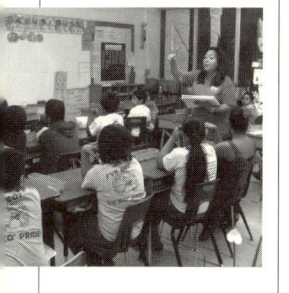

　ある小学校3年生のある日の30分のクラスでは、「Hafa este ?（これは何ですか?）」を質問して答える練習、時間帯や相手を変えた挨拶の言葉、動作に関する言葉、動物名について、かなりのスピードで反復練習をしていた。ダイレクト教授法といい、教師がもつ台本のようなテキストに示された文章と絵を指し示すことで授業が展開し、繰り返し同じフレーズを子どもたちは復唱する。

　ある小学校の4年生のクラスでは、子どもたちの前に並べられた網細工の作品をとりあげ、「Hafa este ?」と質問し、子どもたちはかご、帽子、スカート、かざり、とチャモロ語で答えていく。その後、もう一人の女性の舞踊教師とのティームティーチングによって「われわれの生命の踊り（Dance of Our Lives）」を

ダイレクト教授法によるスピードあるテンポで授業が展開する。

歌う。これはフウナとプンタンが登場する創世記（▶62）である。歌の次はダンスの基本のステップ（▶62）を、ダンス教師のチャモロ語でのリードによって反復する。こうして創世記や神話を覚えながらチャモロアイデンティティを深め、ダンスの練習を通して語彙を豊かにしていくことができる。

　ある中学校では8年生19人がチャモロ舞踊のクラスを選択していた。チャモロの舞踊は、植民地支配と文化収奪によって壊滅的となってしまっていたが、フランシスコ・ラボン氏によって地域にわずかに残っている舞踊が収集され復元された。チャモロ舞踊は、古代舞踊、スパニッシュ舞踊、現代舞踊の3種類にわけることができ、スパニッシュダンスにはワルツステップやフラメンコステップも混在している。植民地支配の過程で舞踊そのものもハイブリッド化（▶86）してきたからである。ラボン氏と共に活動するテラヒ氏は、教師たちはチャモロ舞踊の歴史やステップを教える中で、グアム植民地史を教え、チャモロ人がチャモロ舞踊を踊る事はアイデンティティの主張であることを教えているという。

（中山京子）

ダンスパフォーマンスグループ Pa'a Taotao Tano'（土地の人としての生き方）を主催するラボン氏のチャモロダンス興隆への貢献は大きい。ラボン氏のもとで学んだ多くの教師が学校教育現場でチャモロダンスを教えている（▶29）。

小学校でのチャモロ文化学習の風景。手前のかごはすべて教師による手作りのココナツ葉の工芸品。ココナツ葉がチャモロの人々の日常生活を支えてきた事を教える。

隣島ロタのチャモロの人々の想い

ロザリオ氏はチャモロ文化の継承のために生活実践をめざしている。身体にはチャモロの物語を語る美しい入れ墨をしている。

自宅庭先でカヌーをつくる。カヌーに使用する丸太は自分で山に探しに行く。

　ロタ島はグアムから飛行機で約30分、北マリアナ諸島自治領に属し、人口約3500人、大きさは伊豆大島ほどである。ロタとグアムは晴天下では目視できるほどの隣島だが、同じアメリカの支配下にありながら、未編入領土であるグアムと、自治領であるロタは政治的には切り離されている。しかし、どちらも本来チャモロの島であり、双方に親類をもつ人々が多く、往来も多い（▶35）。ロタの日本統治は長く、また戦場にならなかったため、親日の人々も多い（▶46）。そのような背景から、この小さな島で日本人観光産業が発展してきた。

　スペイン統治、ドイツ統治、日本統治、アメリカ統治の結果、ロタにはダイビングの魅力以外「何もない」などと言われることすらある。しかし、ロタにはチャモロとしてのアイデンティティを強くもち、文化的実践をしながら「チャモロの島」を生きている人々が多くいる。島内の中心地ソンソン村のある食堂では、男性たちが朝から政治や経済、文化、教育についてチャモロ語で語り合う。選挙が近づくとさらに盛んになる。

　ベン・ロザリオ（Ben Rosario）氏、チャモロ名Guelu'は、薬師、カヌー大工、伝統的住居建築、漁業、航海技術などチャモロの伝統を継承し、学校で週に一度チャモロ文化についての授業を担当している。彼がつくるカヌーはロタやグアムのイベントで展示さ

れ、博物館などにもおさめられている。彼は、20年近く日本人観光産業に従事した経験があるが、「三つの 'S' = Sand・Sun・Sea」を求めてくる観光客が、歴史や文化を理解して島の人々と交流をもとうとするよりも、ロタの中でもより「現代的」な環境で楽しもうとする傾向が強いことを指摘する。

トーマス・メンディオラ（Thomas Mendiola）氏は両親から日本語を学び、戦後上智大学に留学した経験をもち、現在では市長庁舎に勤めており、軍事化、グローバル化が押し寄せてくる中でロタはどのように文化を保持できるかを考えている。ロタはチャモロ文化を生活として色濃く残す最後の場であることを自覚し、科学技術がすべてのものを楽でコンパクトにしてしまう一方で、文化保持を生活実践として継承する努力が必要であると指摘する。自分たちの力は圧倒的な政治的、グローバル化の力の前では非力である一方で、だからこそ文化的にも精神的にもばらばらになりかけたロタのチャモロがひとつになれる可能性があると語る。

ロタでは、数々の古い神秘的なラッテストーン（▶13, 20, 67）や迫力ある石切り場などの文化遺産を見ることができる他、日本軍の残したものや慰霊碑もある。サバナと呼ばれる高台にある平和慰霊碑には、大きなふたつの巨石の手前に階段跡があり（慰霊碑に隠れて写真では見えず）、そのまた手前に

ソンソン村を見下ろす高台には十字架がたっている。1920年代、ソンソン村には800人余りのチャモロの人々と、約6000人の日本人がいたという。

サバナ高原のチャモロの聖地につくられた戦時中の日本の神社跡と1973年につくられた慰霊碑。美しい風景の中にうかびあがる三層の歴史像がある。

島の高台に残る日本軍砲撃壕。砲撃管が向く方向にはテニアン島が見える。テニアンからは原爆を搭載したB-29エノラ・ゲイが発進した。

慰霊碑とコンクリートでできた台座がある。慰霊碑には「平和の礎」とあり、1973年にロタ島政府、ロタ地区行政府、ロタ島会有志、ロタ在留日本人有志によって建立されたことが示されている。この階段跡は、日本軍によって建てられた神社の跡である。ここはチャモロの人々にとって神聖な場所で、このふたつの岩は男女を表すと言われ、安産、健康、豊穣、繁栄を願う特別な力が宿る場であった。そこに日本軍がやってきて神社をその岩の前に建て、戦後にそのさらに手前に慰霊碑が建ったことになる。見晴らしがよいこの場は、グアム、テニアンやサイパンから日本を約4時間後に攻撃することになるB-29が出撃する様子がわかるので、日本軍は上空を通過するB-29を数えて東京に情報を送っていた。アメリカ軍はそれを阻止するためにこの地を攻撃しようとしたが、グアムのチャモロが神聖な場を破壊しないように懇願し、被災を免れたという。

　自分たちにとっての神聖な場がそのように変化していくことは内心望んでいなかったチャモロの人々も多かったという。慰霊碑が建つときは、観光地となって日本人が訪れて歴史を理解してくれることを願った。しかし、残念ながら現在ここを訪れる日本人観光客はほとんどいない。

（中山京子）

ロタ島尋常小学校風景写真（ロタ市庁舎会議室掲示写真）。高齢者の方はていねいで美しい日本語で話しかけてくれる。

チャモロ語と植民地支配

　チャモロ語は、グアムと北マリアナ諸島自治領の公用語で、言語学上はマレー半島・マダガスタル・台湾・インドネシア・ニューギニア・フィリピン・ニュージーランド・ミクロネシア・ポリネシア・メラネシア等のオーストロネシア言語に属する。しかし、300年以上に及ぶスペインのマリアナ諸島植民地支配の影響により、現在のチャモロ語の基本となる言葉の80%近くがスペイン語から派生しているといわれる。文法はオーストロネシア語系のルールにのっとり、取り入れられたスペイン語はチャモロ語の発音に合うように変化してきた。植民地支配によって言語も支配されてハイブリッド化（▶55）してしまったといえる。戦後、アメリカ式教育が普及する中で、学校でチャモロ語を話すことで罰せられたこと（▶49, 55）もあり、英語の浸透とともにチャモロ語は衰退してしまった。しかし、現在では、公用語として認められ、行政文書や新聞にもチャモロ語が使用される。

　スペイン語に強く影響を受けた現在のチャモロ語から、古いチャモロ語を復活させようとする運動（▶56）もあるが、実際にチャモロ語を日常語にする人が減っている現在、日常会話力の維持だけでも労力を要する。グアム島の北部では外国人移民の流入が多く、チャモロ語はほとんど使われなくなってしまい、2002年現在でチャモロ語を話せる人は10%前後である。島の南部では地域生活が強く残り高齢者を中心にチャ

モロ語が使用され、約60％前後の人が話すことができる。しかし若い世代は英語が中心であり、祖父母も孫に英語で話しかけ、孫も英語で答えるという場面がほとんどである。

　チャモロ語に耳を傾けていると、ふと日本語の響きを聞き取ることがある。たとえばyo're（ゾーリ）は、まさしく草履、ゴム草履を意味する。スーパーの「ゾーリ」売り場には実にたくさんのゾーリが並ぶ。これらは日本統治時代の産物である。日本統治が長かった隣島ロタ島（▶83）では、日本語に由来する単語がチャモロ語にたくさん入り込んでいる。カマ（鎌）、クワ（鍬）、ヒキダシ（引き出し）、ソウコ（倉庫）、ホータイ（包帯）、デンキ（電気）、チリガミ（ちり紙）などがあり、ベントー（弁当）などは、現在でもチャモロ語だけでなく英語の会話中でも、'I bring my Bento.'というように日常的に使うという。「センセイ」（先生）は、空手などの武術の師を呼ぶときに現在でも用いられているそうだ。

　グアムで、日本語の音と内容がミックスしてチャモロ語として定着しているのが「ダイゴ」である。これは日本語で言うダイコンの「たくあん」であるが、色は黄色で見た目はたくあんそのものでも、チャモロ

「たくあん」そっくりの外見である「ダイゴ」。スパイスがきいた味付けで人気がある。日本占領期の名残である。スペイン、アメリカ、日本による支配の中で、チャモロの人々は柔軟に自文化に取り込んできたことがわかる。

好みの味付けでかなりスパイシーである。

チャモロ語の中に、スペイン語、日本語、英語由来の言葉を聞き取った時、チャモロの人々の経てきた歴史を実感する。

チャモロ語で話す（高校選択科目）。

Håfa Adai〈ハファ デイ〉 こんにちは
Håfa Lai?〈ハファ ライ〉 調子はどうですか？
Håfa Gachung?〈ハファ ガッツン〉
　　調子はどうですか？（友達への言葉）
Håfa Tatatmanu Hao?〈ハファ タタマヌ ハウ〉 元気ですか？
Buenas Dias〈ブエナス ディアス〉 おはようございます
Buenas Nochis〈ブエナス ノチェス〉 こんばんは
Adios〈アディオス〉 さようなら
Put Fabot〈プット ファボッ〉 お願いします
Si Yu'os Ma'ase〈シズウス マアセ〉 ありがとう
Hayi na'an-mu?〈ハジ ナァン ムゥ〉 あなたのお名前は？
Si Kyoko yu'〈シ キョウコ ズ〉 私は京子です
Måolek〈マオレック〉 いいです（good）
Esta〈エスタ〉 わかりました（ok）
Ginen manu hao?〈ギネン マヌ ハオ〉 どこから来ましたか？
Ginen Hapon yu'〈ギネン ハポン ズ〉 日本から来ました
Magof yu'〈マゴフ ズ〉 私はハッピーです
Månnge'〈マンギ〉 おいしいです
Dangkulu na Si Yu'os Ma'ase〈ダンクル ナ シズウス マアセ〉
　　本当にどうもありがとうございました

　　　　　　　　［＊カタカナはあくまでも発音の参考まで］

（中山京子）

次世代にチャモロ文化・言語を継承する努力がなされている。2009年アイランドフェアにて。アファジAcfalle親子。

おすすめチャモロ語講座

Manana Si Yu'os	おはよう
（初期アメリカ統治時代の朝の挨拶）	
Maila'håo guini	ここに来て
Maipe	暑い
Adios estaki–See you again!	また会いましょう
Magof yu'na umali'e'hit	あなたに会えて嬉しいです
Mångge håo?	どこにいますか？
Mungnga yu'	いいえ、結構です
Maila'hålom	入って！
Mana'i-hu	与えられたもの
Mames håo	かわいいね
Guihan	魚
Pugas	調理されていない米
Hineksa'	調理された米
Peska	つかまえる／魚
Måsa	料理された
Gollai	野菜
Fruta	果物
Gimen	飲む／飲物
Na'chamoru	チャモロフード
Chocho	食べる
Kuentos	話す
Atan	見る
Chule'	とる
Châlek	笑う

Adahi	よく見る
Hånao	行く
Tåsi	海／大洋
Sabåna	山
Ga' chong/amigu	友だち
Famokkat	歩く
Ilåo, deskubri	探検する

グアム讃歌（The Guam Hymn）

グアムで公の行事や集会で歌われるグアム讃歌は、1930年頃にレイモン・マネイリイセイ・サブラン氏により作曲され、1974年にラグリマス・レオンゲロ・ウンタラン氏により翻訳されたとされる。チャモロの若者ミュージシャンのCDにも収録されるなど、チャモロのアイデンティティをもつ若者にも愛されている曲と言えよう。インターネット上のいくつかのサイトで聞くことができるので、覚えておくとグアムでの交流活動に役立つことがある。

>Fanohge Chamoru, put I tano'ta
>Kånta I ma tunå-ña gi todu I lugåt.
>Para I onra, para I gloria,　Abiba I isla sinparåt
>Para I onra, para I gloria,　Abiba I isla sinparåt
>
>U todu I tiempo u pås para hita,
>Yan ginen I langhet na bendesion.
>Kontra I piligru, na'fansåfo' ham.
>Yu'os prutehi I islan Guåhan.
>Kontra I piligru, na'fansåfo' ham.
>Yu'os prutehi I islan Guåhan.

チャモロ学習局に飾られているパネル。チャモロ語教師によって描かれた。ラッテストーン、グアム島、カヌー、教会、先祖の姿などが象徴的に描かれている。

チャモロの人々よ、祖国のために立ち上がれ。
祖国の讃歌を歌おう。
名誉と栄光ために、私たちの島を永久に讃えよう。
永久の平和を私たちに、神よ私たちに祝福を。
どのような困難にも私たちを見捨てず、
私たちの島グアムに神のご加護を。

（ロナルド T. ラグァニャ）

グアムの将来を担う子どもたちは、チャモロの子どもも、近隣諸島やアジアからの移民の子どもも、皆チャモロ学習を経て育つ。

TULETI（▶ 62）

作詞作曲：David Gofigan

TULETI, TULETI, TULETI...
KULAN I PALUMA YAN GUMUPU HULO' GI LANGET,
　(Like a bird flying up to the heavens.)
I TASI YAN I TANO'-I ATDIN GIYA PARAISU,
　(The sea and the land, the place of paradise.)

Vs #1: PUNTAN YAN FU'UNA ESGAIHON HA' MO'NA,
　(Our forefathers Puntan and Fu'una guide us forward.)
IN ENRA I NA'AN-MU NA'I HAM NI' ANI-MU,
　(We honor your name, give us your blessing (guidance).)

PARA TA TULUS, PARA TA TULUS, MO'NA I GALAIDE'.
　(So we can row and row our canoe (our lives) forward.)

Vs #2: MAILA' MANE'LU-TA YA TA ONRA I ANTI-TA,
　(Come our brothers and sister and let us honor our ancestors.)
SA' SIHA FUMA'TINAS ESTE I GUINAHA-TA,
　(Because they are the ones who started or made what we have now to enjoy.)

Tuleti を踊る子どもたちと指導するテラヒ氏（▶ 82）。

日本の読者のみなさまへ

Gi inonran Nanå-hu si Difunta Ana Tenorio (Labucho) Laguaña

Mañotsot si Difunta Nanå-hu si Ana Tenorio (Labucho) Laguaña gi durånten i Gera II annai på'go manhalom I Chapanis gi dos ånos lamitå na tiempo. Dosse åños ha'gui guihi na tiempo. Manmaolek I mansindålu gi as Nanå-hu esta ma tråtan maolek gui' gi despues. Ha sangani yu' si Nanå-hu na ohallåra mohon na ti manhålom I Amirikånu sa' manmaolek-ña i tratamento-ña I manChamoru ya ti manma chule' I manmaolek siha na tano' ya manggof respetao na taotaogue's I Manchapanis guihi na tiempo. Annai para ma akupa ha' I tano' ta'lo na manma afuetsasñaihon para u fanmåtcha para Mañengon ya manma konne'ñaihon siha ya ma na'fadanña' gi un lugåt put rason ni' ti ma gof tungo' håfa na rason guihi na tiempo! Ha poksaiñaihon yu' si Difunta Nanå-hu na gof prisisu na bai hu tungo' yan bai hu påsa påpa' ya ma agradesi ni' famagu'on-hu I lenguahi-ta yan I kotturå-ta para I manmamaila' siha na hinirasion.

In kombibida hamyo todu gi tano'-ta sa' tåya' duda kontra hamyo. In li'e' na en gef rispeta I islan-måmi ya ti manmåtto hamyo para en destrosa I lugåt-måmi yan tåya' hinilat kontra hami put i direchon-måmi. Tåya' lini'e'-hu dåñu ginen hamyo ginen Hapon put finatton-miyu guini. Guaha minaolek ginen hamyo ya in kombibida hamyo guini gi tano'-måmi, parehu ginen todu i manmañe'lu-hu!

by Ronald T. Laguaña

亡き母 Ana Tenorio (Labucho) Laguaña に敬意を表して

　私の母 Ana Tenorio (Labucho) Laguaña は2006年8月に77歳で亡くなりました。母が12歳だった当時、大日本帝国軍がグアムに上陸し、その後2年半にわたって苦労をしました。母は日本兵は優しかったと言っていました。日本人は当時チャモロの人々に尊敬の気持ちをもって接していたので、アメリカが再統治しなかったら今のグアムはどうなっていただろうと、一度言ったことがありました。しかし、アメリカ軍の再上陸と攻撃が近づくと、日本軍は、当時その理由は明らかにしないまま、強制的にチャモロの人々をマネンガン（強制収容所）まで歩かせ、一定のエリアに集めました。亡き母は、私たち先住民のチャモロ語と文化を理解し敬うように私を育てました。だからこそ私は子どもやチャモロの次世代に伝えることができるのです。

　植民地主義を実行したり島を破壊したりしない限り、日本のみなさんに何の悪い感情ももたず、私たちの島に歓迎します。みなさんはグアムの美しさや資源を大切にしてくれます。美しい自然環境を維持することはとても重要です。私はこれまで日本からの観光客に悪い印象をもったことはありません。みなさん、素敵です。私はみなさんを兄弟姉妹として歓迎します。

（ロナルド T. ラグァニャ）
（日本語　中山京子）

南太平洋戦没者慰霊塔

グアムをよりよく知るための参考書籍

　グアム・チャモロを中心とし、ミクロネシア、オセアニアをより知るための参考書籍として、1990年以降の出版物で書店での入手が可能なもの、日本語で出版されているもの、植民地主義と太平洋の理解を深めるのに役立つものを以下に紹介したい。

太平洋学会編集『太平洋諸島入門』三省堂、1990年
石川榮吉『日本人のオセアニア発見』平凡社、1992年
佐藤幸男編『世界史のなかの太平洋』国際書院、1998年
春日直樹編『オセアニア・オリエンタリズム』世界思想社、1999年
大野俊『観光コースでないグアム・サイパン』高文研、2001年
中島敦『南洋通信』中央公論新社、2001年
河合利光『オセアニアの現在―維持と変容の民族誌』人文書院、2002年
春日直樹編『オセアニア・ポストコロニアル』国際書院、2002年
堀川潭『悲劇の島―記者の見た玉砕島グアム』光人社、2002年
佐藤幸男編『太平洋アイデンティティ』国際書院、2003年
村井紀『新版　南島イデオロギーの発生』岩波書店、2004年
綾部恒雄監修、前川啓治・棚橋訓編『講座　世界の先住民族　ファースト
　　ピープルズの現在　09　オセアニア』明石書店、2005年
吉田重紀『孤島戦記―若き軍医中尉のグアム島の戦い』光人社、2005年
印東道子編著『ミクロネシアを知るための58章』明石書店、2005年
安部三博『南の島に憧れて　グアム島移住編』牧歌舎、2006年
西村誠著・湯原浩司写真『サイパン・グァム・テニアン―太平洋戦跡紀行』
　　光人社、2007年
国立民族学博物館編『オセアニア―海の人類大移動』昭和堂、2007年

多賀敬二『ミクロネシア千夜一夜譚』文芸社、2007年
松島泰勝『ミクロネシア―小さな島々の自立への挑戦』早稲田大学出版部、2007年

＜本書引用文献＞

ジュリアン・バージャー著、真実一美/辻野功他訳『世界の先住民族』明石書店、1992年
中島洋『サイパン・グアム―光と影の博物誌』現代書館、2003年
山口誠『グアムと日本人―戦争を埋め立てた楽園』岩波書店、2007年
Hope A. Cristobal, The Organization of People for Indigenous Rights: A Commitment towards Self-Determination, The Political Status Education Coordinating Commission(ed), *Hale'-ta, Hinasso': Tinige'put Chamorro (Insights: The Chammoro Identity)*. Hagaña, Guam, 1993.

＊このグアム教科書シリーズ Hale'-ta（わたしたちのルーツ）は、1990年代前半から政治的地位向上委員会(The Political Status Education Coordinating Commission)によって編集された。『チャモロ史における著名な人々』『チャモロの人々の歴史』『見識：チャモロのアイデンティティ』『戦争前後のグアムの統治』『グアムの政治的発展における出来事：チャモロの視点』『チャモロの伝統と価値』『チャモロの伝説と物語集』『チャモロの遺産：場所の感覚　真正チャモロ遺産のためのガイドライン、手引き』が出版され、グアム政府によって配布され小学校高学年から高校で教科書として使用されている。教師用指導書も準備され、チャモロ学習での使用率は高い。チャモロ・ビレッジで購入可能。

Department of Chamorro Affairs, *Chamorro Heritage A Sence of Place: Guidelines, Procedures and Recommendations For Authenticating Chamorro Heritage,* Hagaña, Guam, 2003.

　グアムでは日本語で編集されたフリーペーパーがいくつかあり、スーパーなどで入手でき、さまざまな情報を得ることができる。中でも歴史や文化に関する豊富な情報を掲載しているのが、アイランドタイム編集部『アイランドタイム』LEAP Publication, Guam と Ken Haga 『グアムライフ』U.S. Explore & Study Inc. である。

おわりに

　本書の原稿を執筆するにあたり、グアムの人々には本当にお世話になりました。とりわけチャモロの人々には快く迎え入れていただき、惜しみない協力をしていただきました。またロタ島のチャモロの人々との出会いもすばらしいものでした。戦争中の植民地主義、戦後の新植民地主義の波の中で、チャモロとしての誇りをもって文化継承を生活の中で実践している姿に、多くを学ばせていただいた。

　皆さん図々しいまでの私の質問や依頼に快く応えてくださり、アドバイスもくださりました。彼らの言葉を聴き、声を知れば知るほど、グアムに来る日本人観光客に、グアムに興味をもつ日本の人々に、「伝えなければ」という使命感にかられました。

　とくにチャモロ学習局長のロナルド T. ラグァニャ（Ronald T. Laguaña）氏には、学校見学、チャモロ文化の解説、資料収集の補助、様々な人の紹介など、全面的に世話になりました。それだけでなくエネルギッシュなラグァニャ氏は、活動家としての実践の姿を見せてくれ、私の言葉にもよく耳を傾けて考えを共有してくれました。やり取りしたメールの数は数えきれず、本書の構成についてもよく議論したものです。氏との出会いがなければこの本は存在していませんでした。ラグァニャ氏は「植民地主義とチャモロの人々」「アメリカ軍再統治に悩まされるチャモロの人々」「チャモロの食文化とその変容」「おすすめチャモロ語」「日本の読者のみなさまへ」などの項目を執筆しましたが、私が執筆した部分に関する調査協力や知識提供ははかりしれません。心から御礼申し上げます。Dangkulu na Si Yu'os Ma'ase.

　カヌー「サイナ号」の写真は、TASI のメンバーである Lawrence J. Cunningham 博士と Ron Castro 氏が快く提供してくれました。郁子 Acfalle 氏には忙しい中草稿を読んでいただいた他、写真の入手支援、多くのアドバイスと励ましの言葉をいただきました。

以下に、本書執筆にあたりお世話になった方々を御礼の気持ちを込めて紹介させていただきます（敬称略）。
Si Yu'os Ma'ase.

森茂岳雄、矢口佑人、郁子 Acfalle
倉品博昌、芳賀健介
Francisca Q.Franquez, Suzette Nelson, Christopher Candaso,
Greg T. Pangelinan, David Nelson, Benji Santiag, Ruth Mendiola, Braian Telaje, Frank Rabon
TASI (Traditions About Seafaring Islands) ;
Lawrence J. Cunningham, Frank Cruz, Sandy Yee, David Laguaña, Manny Sikau, Ron Acfalle, Ron Castro, 櫛間嘉代子
Rota Island friends;
Thomas Mendiola, Ben Rosario, Sixto Taimanao, Timothy M. San Nicolas, Daniel Barcinas, Ricardo Barcinas, Nobert Mundo, Vicenti Calvo
Gef Pago' Parkcrews;
Judy Flores, Anthony Mantanona, Carlos Paulino, Ronnie Alik,
Rose San Nicolas, 田﨑圭織
T.Stell Newman Visitor Center
The Guam Museum
War in the Pacific National Historical Park
Pacific Historic Parks
National Park Services
グアム州政府観光局

　最後に、本書の企画について強く支援してくださった明石書店の法月重美子様、そして私の想いを理解してくださった大江道雅様に大変お世話になりました。記して御礼申し上げます。

2010 年 3 月
中山 京子

Ta Onra I Aniti
Honoring our ancestors

Este na mangaige i tataotao i Guelota yan Guelata siha ni' muna'i hit ni' lana'la' yan espiritu para i manatatte na tataogue. Ta katga i espiriton-ñiha gi ya hita pa'go yan i Manamamailai'na tiempo. Nihi ta onra guine na lugat i espiriton-ñiha ginen i che'cho'ta pa'go yan para todu i tiempo.

Here lies the remains of Chamorus from times past, ancestors who have bequeath life and spirit to those who have followed them. We carry that spirit with us now, and into times yet to come. At this point let us remember those [who ca]me before, honor their spirit by our action now and through the challenges our future.

ある中学校のチャモロ学習の教室に掲示されていた生徒の作品「先祖を敬う」。上段はチャモロ語で下段は英語で、文化遺産を引き継ぐ意志が表記されている。

中山京子（なかやま きょうこ）

帝京大学文学部教授
専攻：国際理解教育、多文化教育、社会科教育
主な著書：
『グアム・サイパン・マリアナ諸島を知るための54章』（編著、明石書店、2012年）
『先住民学習とポストコロニアル人類学』（単著、御茶の水書房、2012年）
『入門 ハワイ・真珠湾の記憶──もうひとつのハワイガイド』（共著、明石書店、2007年）
『日系移民学習の理論と実践──グローバル教育と多文化教育をつなぐ』（編著、明石書店、2008年）

Ronald T. Laguaña（ロナルド T. ラグァニャ）

グアム公立学校システム　チャモロ学習局長
専攻：チャモロ言語文化教育、第二言語教育
Traditions About Seafaring Islands、The Chamoru Nation、The Taotaomo'na Native Rights、the Guam Ancestral Lands Commission などの活動団体の主要構成員。"The Local Way" ツアーガイド／ディレクターとして2004年には表彰をうける。
主な著書：
I Mangga'chong-bu gi Tasi (My Friends in the Sea)（共著、1997）
Chamorro Heritage: A Sense of Place（共著、2003）
Lepblom Atfabetu: Litratu, Sostansia-na, yan Sinangan siha (Chamoru Alphabet book: Pictures, Definitions and phrases)（共著、2005）

入門　グアム・チャモロの歴史と文化
―― もうひとつのグアムガイド

2010年4月1日	初版第1刷発行
2017年1月31日	初版第3刷発行

著　者	中　山　京　子
	ロナルド T. ラグァニャ
発行者	石　井　昭　男
発行所	株式会社 明石書店
	〒101-0021　東京都千代田区外神田6-9-5
電　話	03（5818）1171
Ｆ Ａ Ｘ	03（5818）1174
振　替	00100-7-24505
	http://www.akashi.co.jp/
装　丁	松田行正＋青山鮎
組　版	株式会社メビウス　山口有貴
印　刷	モリモト印刷株式会社
製　本	モリモト印刷株式会社

（定価はカバーに表示してあります）　ISBN978-4-7503-3164-5

JCOPY　〈(社)出版者著作権管理機構　委託出版物〉
本書の無断複写は著作権法上での例外を除き禁じられています。複写される場合は、そのつど事前に、（社）出版者著作権管理機構（電話 03-3513-6969、FAX 03-3513-3679、e-mail: info@jcopy.or.jp）の許諾を得てください。

エリア・スタディーズ 105

グアム・サイパン・マリアナ諸島を知るための54章

中山京子 [編著]

四六判／並製　◎2000円

日本における認識は、ショッピングやマリンスポーツ、もしくは第2次世界大戦の記憶と、特定のトピックにかたよっている。本書は、グアム・サイパンを中心としたマリアナ諸島について、先住民チャモロの視点に重きをおき自然・歴史・社会・文化を描く。

●内容構成●

Ⅰ　マリアナ諸島の地理と歴史　第1章　火山活動でできた亜熱帯の島々／第2章　欧米諸国に分断された島々の運命／第3章　森がもたらす食べ物、日用品、薬／第4章　在来種vs外来種　ほか

Ⅱ　グアム・サイパンの成り立ちと戦史　グアム・サイパンの物語／第13章　マリアナ諸島はいつ「発見」されたのか？／第14章　グアムが「大宮島」だった時代／第15章　私は月曜日の女だった　ほか

Ⅲ　文化　第25章　勇者ガダオ・祖霊タオタオモナ／第26章　海と生きる／第27章　「創られた伝統」が古来の文化を復興／第28章　ステイタスとアイデンティティの再発見　ほか

Ⅳ　政治経済と観光　第35章　変わる「本土」との関係とチャモロナショナリズムの展開／第36章　チャモロの英雄エンジェル・サントス／第37章　「棺の先端」で浸透した軍事化　ほか

Ⅴ　社会と教育　第45章　資源保護と文化保持のはざまで／第46章　フィエスタで確かめる助け合いの精神／第47章　増える移民、急速な多文化化／第48章　多文化化する島々の多様な宗教行事　ほか

入門 ハワイ・真珠湾の記憶 もうひとつのハワイガイド
矢口祐人、森茂岳雄、中山京子　●600円

エリア・スタディーズ 114
ハワイを知るための60章
山本真鳥、山田亨編著　●2000円

エリア・スタディーズ 51
ミクロネシアを知るための60章
印東道子編著　●2000円

エリア・スタディーズ 82　メラネシア／ポリネシア
南太平洋を知るための58章【第2版】
吉岡政德、石森大知編著　●2000円

消滅の危機にあるハワイ語の復権をめざして
先住民族による言語と文化の再活性化運動
松原好次編著　●5000円

アホウドリと「帝国」日本の拡大 南洋の島々への進出から侵略
平岡昭利　●6000円

国際理解教育ハンドブック グローバル・シティズンシップを育む
日本国際理解教育学会編著　●2600円

現代国際理解教育事典
日本国際理解教育学会編著　●4700円

〈価格は本体価格です〉